# बौद्ध धर्म की कहानियाँ

# बौद्ध धर्म की कहानियाँ

सं. मोजेज माइकेल

विद्या विहार, नई दिल्ली

प्रकाशक : **विद्या विहार**
19, संत विहार (पहली मंजिल) गली नं. 2, अंसारी रोड, नई दिल्ली–110002
 / संस्करण : 2025 / मूल्य : तीन सौ रुपए
मुद्रक : यश प्रिंटोग्राफिक्स, नोएडा ISBN 978-93-80186-75-7

**BAUDDHA DHARMA KI KAHANIYAN**

*Ed.* Mozej Michael ₹ 300.00

Published by **VIDYA VIHAR**
19, Sant Vihar (First Floor), Street No.2, Ansari Road, New Delhi-2

समर्पित

अभिन्न मित्र

**राम शंकर मिश्र**

को।

# अनुक्रमणिका

# १

# सरसों के बहाने

'जीवन भी कैसी विचित्रताओं से भरा है! कितना अनिश्चित! कितना अद्भुत! कभी दुःख तो कभी सुख। कभी धूप तो कभी छाँव!'

आज अपने पिया के आँगन में बैठी वह यही सब सोच रही थी।

उसका जन्म निम्न जाति के एक परिवार में हुआ था। माता-पिता सुख-सुविधा जुटाने में असमर्थ थे। उसे गरीबी का पालना मिला, किंतु प्रकृति ने उसे असाधारण सौंदर्य दिया था। वह आकर्षक थी, चपल थी, मोहक थी और इतनी दुबली-पतली, इतनी कृश कि नाम ही पड़ गया कृशा या किसा—किसा गौतमी।

किसा गौतमी का बचपन कष्टों और अभावों में बीता। ऐसे ही उसने किशोरावस्था की दहलीज पार की और यौवन के आँगन में कदम रखा।

फिर संयोग ऐसा हुआ कि उसका विवाह एक संपन्न परिवार में हो गया। पति का भरपूर प्रेम पाकर वह धन्य हो गई। उसे लगा, उसके दुःख के दिन बीत गए। अब वह पति की बाँहों में सिमटकर सबकुछ भूल जाना चाहती थी।

फिर भी उसकी राह उतनी आसान नहीं हुई। ससुराल पहुँचने पर उसे अपेक्षित स्नेह नहीं मिला। जैसा कि बहुधा होता है, उस पर व्यंग्य-बाण छोड़े गए। उसे तंग किया गया।

कोढ़ में खाज यह हुई कि काफी समय निकल जाने पर भी उसे कोई संतान नहीं हुई। ससुरालवालों को और बहाना मिल गया। उनके प्रहार बढ़ गए तथा और तीखे हो गए। वह 'कंगली' तो थी ही, 'निपूती' भी हो गई।

किसा गौतमी के मन में भी बस एक ही बात रहती कि उसकी गोद भरनी चाहिए। उसकी देह भी उसके लिए तड़पती रहती।

उसका दुखड़ा सुननेवाला कोई नहीं था। उसका संताप हरनेवाला कोई नहीं था। उसका दु:ख बाँटनेवाला कोई नहीं था। पति के साथ उसे जो पल मिल पाते, वही उसका एकमात्र संबल थे। उसी सांत्वना के सहारे उसने अपने आपको परिस्थितियों के उस भँवर में छोड़ दिया था।

उसका ध्यान अब इस ओर से हटने लगा था और उसने यथास्थिति से समझौता कर लिया था। इतना सब सहकर उसे यह व्यावहारिक ज्ञान हो गया था कि धन की संपन्नता से मन की शांति प्राप्त नहीं की जा सकती। उसके लिए कुछ अलग ही चाहिए होता है।

इस बीच उसने अपना सहारा थामे रखा। अपने पति से उसकी निकटता इन विषमताओं के कारण अनायास ही और बढ़ गई। शायद यही कारण रहा कि एक दिन उसने अपने आपको गर्भ से पाया। जैसे जीवन लौट आया उसके द्वार। सबसे पहले उसके पाँव थिरके। उसने अपने पति को बताया तो उसकी आँखों में हर्ष के आँसू छलछला उठे।

किसा को इतना प्रसन्न देख उसके पति को बहुत अच्छा लगा। वह भी उसकी खुशी में शामिल हो गया। यह उसकी भी खुशी थी। यह उन दोनों की खुशी थी।

बात जब शयनकक्ष से बाहर आई तो जैसे पूरा घर-परिवार उमंग में डूब गया। अचानक जैसे सबकुछ बदल गया। किसा के लिए प्यार की बयार चल पड़ी। घर में नए मेहमान के स्वागत की तैयारियाँ शुरू हो गईं!

किसा ने भी सबकुछ भुला दिया। किसी से कोई शिकायत नहीं रह गई उसे। उसे तो अच्छा ही लगा कि घर का वह तनावपूर्ण वातावरण बदल गया। हर दिन की तानेबाजी खत्म हो गई। हर दिन का क्लेश जाता रहा।

'किसा, यह मत करो,' 'किसा, उसे मत उठाओ भारी है;' 'किसा, बिस्तर पर चलो, तुम्हें आराम करना है,' घर की औरतें उसे टोकतीं। उसे सुखद आश्चर्य होता। यह वही घर है ? मैं वही किसा हूँ ? वह अपने आपसे पूछती।

फिर वह दिन भी आया। एक असह्य पीड़ा। एक बेसाख्ता चीख। एक आनंद राहत भी और वह एक स्वस्थ, गोल-मटोल, सुंदर बालक की माँ बन गई।

'लड़का हुआ है!' खुशियों से लदी यह घोषणा पूरे घर-परिवार में दौड़ गई। सभी के लिए मंगलकारी था वह क्षण, वह अवसर। कुल-दीपक के आ जाने से हर ओर उजियारा बिखर गया।

लेकिन किसा के लिए वह मात्र एक बालक नहीं था। मात्र उसका पुत्र नहीं था। वह तो उसके लिए खुशियों की सौगात लेकर आया था। उसका तो जीवन ही बदल दिया था उसने। किसा उसे बेहद प्यार करती। उसे हमेशा अपनी आँखों के सामने रखती। उसे कभी अपने से दूर न होने देती, पर वह घर का लाडला था। सभी उसे लेना चाहते। उसे दुलारना चाहते। वह एक से दूसरी गोदी में घूमता रहता।

वह जल्दी ही किसी-न-किसी बहाने से उसे वापस ले लेती। 'दूध पिलाना है, भूखा है,' 'उसके सोने का समय हो गया', वह कहती। घरवाले मुँह दबाकर हँसते। 'हाँ जी, अब बेटेवाली हो गई है!' वे कहते, लेकिन उनके इस कथन में व्यंग्य नहीं होता था। प्रसन्नता के उद्‌गार होते।

अब वह यह सब सोच रही थी तो उसका रोम-रोम पुलकित था। खुशी से सिहर-सिहर जाती थी वह। यह ऋतु भी ऐसी ही थी।

शीत की ठिठुरन को दमदार सूरज के कोड़े ने कब का खदेड़ दिया था। वसंत देव ने भी अपना पीत वसन समेट लिया था। चमचमाती उजली धूप अपने कोमल स्पर्श से तन-मन को गुदगुदा रही थी। सारा वातावरण आनंद और निश्चिंतता के गीत गुनगुना रहा था।

किसा गौतमी भी अपनी इन स्मृतियों में डूबती-उतराती आनंद और निश्चिंतता का मधुर गान गुनगुना रही थी। वह आनंदित थी, क्योंकि उसकी दृष्टि में शोक उसके जीवन से पलायन कर चुका था। वह निश्चिंत थी, क्योंकि उसकी दृष्टि में चिंताएँ अब उसके जीवन में फटकनेवाली नहीं थीं।

उसका आनंद, उसकी निश्चिंतता सहज थी, स्वाभाविक थी। उसका

लाड़ला अब घुटनों के बल चलने लगा था। इस समय भी वह इधर से उधर घूम रहा था। कुछ देर के लिए वह उसे दिखाई देता और फिर ओझल हो जाता। उसकी इस बाल-सुलभ चपल क्रीड़ा पर वह मुग्ध हो रही थी।

किसा गौतमी को पता नहीं था कि अनित्यता का क्रूर, हत्यारा दैत्य अपना घातक फन काढ़ चुका था और धीरे-धीरे उसके लाड़ले की ओर बढ़ रहा था। उसके आनंद, उसकी निश्चिंतता के दुर्ग में सेंध लग चुकी थी।

एक शोर उठा। एक आर्तनाद हुआ। किसा का सुख धाम भरभराकर ढह गया। उसे तो विश्वास ही नहीं हुआ कि उसका लाल, उसके जीवन, उसके सुखों का आधार काल के गाल में समा चुका था। उसके सामने पुत्र का निष्प्राण शरीर लाया गया तो जैसे उसके स्वयं के प्राण निकल गए।

क्या यह विश्वसनीय था? क्या यह क्रूर मजाक नहीं था उसके साथ? क्या यही सुनना, यही देखना शेष था उसे? लेकिन नहीं, वह इसे बिलकुल भी माननेवाली नहीं थी। उसका लाल मरा नहीं वह तो बस थककर सो गया था।

'बच्चे को कीड़े ने डस लिया' वह बस इतना ही सुन पाई। इतना ही समझ पाई। फिर वह मूर्च्छित हो गई।

भारी शोर-शराबे, भारी कुहराम के बीच वह होश में लौटी, तो बच्चे का अंतिम संस्कार जल्दी-से-जल्दी कर देने की बात हो रही थी। वह हतप्रभ थी, फिर जब वे सचमुच बच्चे को ले जाने लगे तो वह फुरती से तनकर खड़ी हो गई।

उसने बच्चे को झपट लिया—"नहीं ले जाने दूँगी इसे मैं। इसे कुछ नहीं हुआ है। देख नहीं रहे, यह सो रहा है? खेलते-खेलते कितना थक गया है मेरा लाल।...नहीं, छोड़ दो इसे। मैं इसे नहीं दूँगी। अभी जाग जाएगा मेरा लाल...उठो बेटे, उठ जाओ अब...इन्हें बता दो कि तुम तो बस सो रहे थे। उठो बेटे...उठ जाओ।"

घर-परिवारवालों ने, लोगों ने उसे समझाने का बहुत प्रयास किया। मृत्यु का कोई निश्चित समय नहीं होता। मृत्यु बताकर नहीं आती। वह छोटे-बड़े,

अमीर-गरीब का भेद नहीं करती। सत्य यही है। सत्य यही है कि अब उसका बेटा जीवित नहीं है। वह मर चुका है।

किसा गौतमी बेसुध सी आँखें फाड़े कभी उन्हें ताकती, कभी अपने पुत्र के निर्जीव शरीर को, जिसे उसका ममतामय मन अब भी मृत मानने को तैयार नहीं था। इस बीच किसी ने उसके हाथों से बच्चे को लेना चाहा। फिर तो जैसे उसे दंश लग गया। वह बिफर गई।

''मैंने कहा न, मैं अपने लाल को नहीं दूँगी। अगर कोई तैयार नहीं है तो मैं जगाऊँगी इसे। क्या कहा, यह मर गया है? पागल हो तुम...तुम सारे के सारे। देखते नहीं। इसे इलाज चाहिए। मेरा लाल फिर उठ जाएगा, फिर उठ जाएगा मेरा लाल। हट जाओ सब।''

और वह बच्चे को लेकर दौड़ पड़ी। पागल सी वह इधर से उधर दौड़ती रही। घूमती रही। जो भी मिलता, उससे दवा माँगती रही अपने पुत्र के लिए। अपने लाल के लिए।

''ऐ भैया...ऐ बाबा...ऐ माता! देखो...देखो, यह मेरा बेटा है न! यह बहुत थक गया है। बहुत देर से सो रहा है। सोए ही जा रहा है। इसको दवा दो न! जाग जाएगा यह।''

लोग उसका उपहास करते। उस पर दया करते या उसे समझाने का प्रयास करते। लेकिन पुत्र-मोह ने उसकी ज्ञानेंद्रियों को सुन्न कर दिया था। वह कुछ भी समझ पाने की स्थिति में नहीं थी। क्षणिक विक्षिप्तता का ग्रास बन चुकी थी वह।

जब वह इस तरह गली-गली, सड़क-सड़क, चौराहे-चौराहे अपने मृत पुत्र के लिए दवा माँगती फिर रही थी, एक भीड़ ने उसे घेर लिया। उसमें कुछ मनचले थे, कुछ शरारती थे तो कुछ ऐसे भी थे, जिन्हें उसकी इस हालत पर तरस आ रहा था। वे एक माँ की पीड़ा को समझ रहे थे। ऐसे ही एक वयोवृद्ध सज्जन ने किसा को अपनी तरह से समझाने का उपक्रम किया—

''बेटी, क्या तुम सचमुच अपने बेटे का जीवन चाहती हो? क्या तुम सचमुच चाहती हो कि वह फिर से उठ बैठे? खेलने-कूदने लगे? क्या तुम

सचमुच यही सोचती हो कि वह मरा नहीं है?"

"कैसी बातें करते हैं, बाबा! दवा की बात कीजिए। अगर आपके पास दवा है तो दें।"

"बेटी, पहली बात तो यह समझ लो कि तुम्हारा बेटा अब जीवित नहीं है। वह मर चुका है। उसे···।"

"रहने दो।" किसा बीच में ही बोल पड़ी, "मुझे किसी से कुछ नहीं चाहिए। अरे! इतनी बड़ी दुनिया में क्या कोई भी नहीं है मेरे बेटे को होश में लानेवाला? अगर वह मर भी गया है तो उसकी कोई तो दवा होगी, किसी के पास तो होगी।"

"हाँ, है क्यों नहीं!"

यह सुनकर किसा गौतमी ठिठक गई। वह चल पड़ी थी। उसने पहले तो उन वृद्ध सज्जन को बहुत ध्यान से देखा कि कहीं उपहास तो नहीं कर रहे। जब वह वृद्ध महोदय की सदाशयता के प्रति आश्वस्त हो गई तो इत्मीनान से खड़ी हो गई।

"सच?"

"हाँ, बेटी!"

"तो दीजिए न। ठीक कर दीजिए न मेरे बेटे को।" उसने वृद्ध सज्जन से कहा। वह अपने मृत पुत्र को लिए उन सज्जन के चरणों में बैठ गई।

"नहीं-नहीं, बेटी!" वृद्ध सज्जन ने किसा को उठाते हुए कहा, "मैं तो एक साधारण मनुष्य हूँ। औरों की तरह। तुम्हारी तरह। मैं क्या कर सकता हूँ? हाँ, मैं तुम्हें उन भैषज गुरु, वैद्यों के वैद्य के पास पहुँचा सकता हूँ, जो तुम्हारे पुत्र को जीवित कर सकते हैं।"

किसा गौतमी को आशा की किरण दिखाई देने लगी थी। उसने कहा, "तो पहुँचा दीजिए न बाबा मुझे वैद्यों के वैद्य के पास। मैं उनसे विनती करूँगी। उनसे याचना करूँगी। अब चलिए न! पहुँचा दीजिए न···।"

और वह तेज कदमों से चल पड़ी। एक तरह से वह दौड़ ही रही थी। वृद्ध पुरुष को उस पर और भी दया हो आई।

"रुको बेटी! तुम्हें पता है, कौन हैं वह भैषज गुरु, वैद्यों के वैद्य? मैं बताता हूँ।" वृद्ध सज्जन ने किसा गौतमी को तथागत बुद्ध के बारे में बताया और यह भी बता दिया कि इन दिनों वे इसी श्रावस्ती नगरी के बाह्यांचल में स्थित जैतवन में विहार कर रहे हैं। वही हैं जो तुम्हारे पुत्र को जीवित कर सकते हैं।

किसा सीधे वहाँ पहुँची, जहाँ तथागत बुद्ध अपने विशाल भिक्खु संघ सहित विराजमान थे। उसने तथागत के चरणों में अपने मृत पुत्र को रख दिया। उसकी बदहवासी देख तथागत सबकुछ जान चुके थे।

"इसे जीवित कर दीजिए। वे कहते हैं, यह मर गया है। मेरी कोई नहीं सुनता। सबसे दवा के लिए कहा। किसी के पास कोई उपचार नहीं है। आप तो वैद्यों के वैद्य हैं। आप यह कर सकते हैं। मुझे विश्वास है, आप अवश्य मेरे पुत्र को जिला देंगे।"

"तुम्हें विश्वास है?"

"हाँ!"

"तो फिर तुम्हारा विश्वास व्यर्थ नहीं जाएगा। मैं तुम्हारे पुत्र को जीवित करूँगा, अवश्य करूँगा।"

ये वचन सुनते ही किसा गौतमी को सांत्वना मिली। उसके मन से दुःखों का बोझ हट गया। वह आशान्वित होकर तथागत की ओर देखने लगी। वह कहना चाह रही थी, 'तो फिर कर दीजिए न जीवित मेरे लाल को।'

तथागत उसके नयनों की भाषा को पढ़ रहे थे। उसके मन को जाँच रहे थे। उन्होंने कहा—

"किंतु इसकी औषधि का प्रबंध तुमको ही करना होगा।"

"मुझे? मैं क्या कर सकती हूँ?"

"तुम्हें सरसों के दाने लेकर आने होंगे।"

"बस?" किसा को तो विश्वास ही नहीं हो रहा था अपने कानों पर, "बस, सरसों के दाने? कितने?"

"हाँ, सरसों के दाने। एक मुट्ठी भर, एक चुटकी भर। एक ही ला दो।"

"सच कह रहे हैं, मुनिवर? बस यही!" उसकी समझ से परे था यह। इतना सस्ता उपचार और इतना सुलभ भी!

इन दिनों सरसों के तो अंबार लगे थे बाखरों में, आँगनों में। कौन मना करेगा देने से? अपने आप भी ले लो तो किसी को क्या आपत्ति? इस संपन्न नगरी में क्या मूल्य सरसों के चुटकी भर या मुट्ठी भर, एक झोला भर दानों का भी? मन-ही-मन हँस रही थी किसा। इतनी छोटी सी बात! इतना आसान उपचार!

वह चल पड़ने को उद्यत हुई। पंख लग गए थे उसे। तथागत की उपस्थिति में कुछ बात तो थी! इतना आत्मविश्वास किसी अति महान् व्यक्तित्व में ही हो सकता था। मिथ्या भाषण या उपहास का तो प्रश्न ही नहीं उठता था।

किसा चलने को हुई तो तथागत ने टोक दिया—

"अभी बात पूरी नहीं हुई, पुत्री!"

किसा के चेहरे पर संदेह के, शंका के भाव आ गए। प्रश्नचिह्न उभर आया उसके नयनों में। "तो क्या…?"

"विचलित होने की आवश्यकता नहीं है, पुत्री! मुझे और कुछ नहीं चाहिए। तुम्हें सरसों के दाने ही लाने हैं। बस ध्यान इतना रहे कि सरसों के दाने तुम जिस भी घर से लाओ, उस घर में मृत्यु के चरण कभी न पड़े हों। उस परिवार में कभी कोई मरा न हो।"

"ठीक है, मुनिवर! मैं अभी आई।" और वह लगभग दौड़ती हुई वहाँ से निकल गई।

जैसा उसने सोचा था, वैसा ही उसे मिला। यहाँ आते समय तो उसका ध्यान स्थिर नहीं था, किंतु अब वह उन्मुक्त होकर देख रही थी। हर ओर सरसों के ढेर थे। उसका मन खुशी से झूम रहा था।

वह पहले घर में गई। अपनी व्यथा सुनाई। तथागत बुद्ध का प्रस्तावित उपचार बताया। थोड़ी सी सरसों का आग्रह किया। गृह स्वामिनी ने अत्यंत तत्परता और सहर्ष ही उसके फैले आँचल में सरसों डाल दी। वह उसे लेकर वापस जाने को मुड़ी तो उसे बुद्ध-वचनों का स्मरण हो आया—'उस परिवार

में कभी कोई मरा न हो।'

उसने महिला से प्रश्न कर लिया। वह महिला असहज हो गई। कैसा मूर्खतापूर्ण प्रश्न है ? कैसा विचित्र प्रश्न है ? उसने अपना क्रोध दबाते हुए बताया कि उसके घर में अभी कुछ समय पूर्व ही मृत्यु वज्रपात कर चुकी है।

निराश किसा गौतमी ने औपचारिक शोक व्यक्त किया, सांत्वना के दो शब्द कहे और वहाँ से निकल आई। सरसों उसने वहीं छोड़ दी।

फिर वह दूसरे घर में गई। वही किस्सा!

फिर तीसरे घर।

फिर चौथे घर।

फिर पाँचवें घर।

फिर··!

ऐसे ही वह कितने घरों में घूम गई।

लोगों की अलग-अलग प्रतिक्रिया होती। उन्हें यह सुनकर तो दुःख होता कि उसका नन्हा लाड़ला असमय काल का ग्रास बन गया। वे दुःख व्यक्त करते। सहानुभूति भी जताते। सरसों देने को भी तत्पर हो जाते, किंतु अपने परिवार में मृत्यु की बात पर वे बिफर जाते। उसे भाग जाने को कहते। उसे डपट देते। झिड़क देते। दुत्कार देते।

माँगते-माँगते कितनी ही घड़ियाँ बीत गईं। उसे एक घर भी ऐसा न मिला, जहाँ कभी कोई मरा न हो। जहाँ मृत्यु के अशुभ चरण कभी न पड़े हों। अब वह क्या करे ?

क्या उसका लाल जीवित नहीं होगा ?

लेकिन ये सारे लोग भी तो थे। इन्होंने भी तो मृत्यु के प्रहार को झेला था, फिर क्या एक अकेला तेरा ही लाल है जो मरा है। यहाँ हर दिन किसी-न-किसी परिवार में कोई-न-कोई मृत्यु को प्राप्त होता रहता है। भव चक्र ऐसे ही चलता है।

अब किसा गौतमी को सबकुछ समझ में आने लगा। तथागत बुद्ध ने सरसों के दाने लाने को क्यों कहा। वह भी ऐसे घर से जहाँ मृत्यु न हुई हो।

क्या ऐसा कोई घर हो सकता है ? क्या मृत्यु किसी को छोड़ती है ? क्या वह कोई भेद करती है ?

तथागत उसे क्या समझाना चाहते थे ?

उसके प्रज्ञा चक्षु खुल गए। उसके चित्त पर से मोह का आवरण हट गया। अब उसे सबकुछ स्पष्ट दिखाई दे रहा था। मृत्यु अनिवार्य है। मृत्यु अपरिहार्य है। मृत्यु अवश्यंभावी है। जीवन अनित्य है। सर्वस्व अनित्य है। जहाँ जन्म है, मरण भी वहाँ है।

और किसा गौतमी ने अपने मृत पुत्र को अंतिम संस्कार के लिए जंगल में छोड़ दिया। वह स्वयं तथागत बुद्ध की शरण में चली गई।

□

२

# पितृहंता का पश्चात्ताप

देवदत्त कहने को तो तथागत बुद्ध का फुफेरा भाई था, किंतु स्वभाव से बिलकुल विपरीत था। लड़कपन में ही एक हंस को मारने पर देवदत्त को सिद्धार्थ गौतम की आलोचना का सामना करना पड़ा था। देवदत्त की हिंसा पराजित हुई थी, तभी से वह सिद्धार्थ के प्रति वैमनस्य-भाव रखने लगा था।

जब सिद्धार्थ बोधि प्राप्त कर बुद्ध हो गए और बाद में भिक्खु संघ के प्रमुख भी, तो देवदत्त की खिन्नता और भी बढ़ गई। उसे बुद्ध की कीर्ति, उनकी प्रतिष्ठा से ईर्ष्या हो गई। वह भिक्खु संघ पर अपना कब्जा चाहता था।

इस वैर भाव ने घातक घृणा का रूप ले लिया। देवदत्त के लिए गौतम बुद्ध असहनीय हो गए। उसकी महत्त्वाकांक्षा ने उसके विवेक को कुंठित कर दिया। उसने बुद्ध को मारने का षड्यंत्र रचा। उसने स्वयं भी उन्हें मारने के प्रयास किए, किंतु सफल नहीं हुए।

अपनी ताकत बढ़ाने के लिए देवदत्त ने मगध नरेश के पुत्र अजातशत्रु को अपने साथ मिलाने की योजना बनाई। इसके लिए उसने कुमार अजातशत्रु को तरह-तरह के प्रलोभन दिए। उसने कुमार से कहा कि वह स्वयं राजा बने।

"किंतु पिताजी के होते मैं कैसे राजा बन सकता हूँ?" कुमार अजातशत्रु ने कहा, "यह असंभव है और अनैतिक भी।"

"क्यों नहीं बन सकते?" देवदत्त ने प्रतिप्रश्न किया, "यह न तो असंभव

है और न ही अनैतिक। यह तुम्हारा अधिकार है। यह स्वाभाविक है। आज नहीं तो कल, तुम्हें राजा बनना ही है, फिर आज क्यों नहीं?''

तीर निशाने पर लगा था। अजातशत्रु के मन में राजा बनने की इच्छा उत्पन्न हुई और बलवती होती गई, किंतु वह कर भी क्या सकता था?

''क्या नहीं कर सकते अजातशत्रु, यह कहो। मगध नरेश तो वैसे भी अब वृद्ध हो चले हैं। इससे पहले कि राजगद्‌दी का कोई और दावेदार खड़ा हो जाए, तुम्हें अपना अधिकार प्राप्त कर लेना चाहिए। कल का भरोसा मूर्ख करते हैं।''

''किंतु मैं करूँ क्या?''

''मगध नरेश को अपने रास्ते से हटा दो।''

अजातशत्रु एक बार तो काँप गया, किंतु सत्ता के मद ने उसमें दुस्साहस भर दिया।

देवदत्त ने गरम लोहे पर वार किया। उसने कुमार को उसके जन्म की पृष्ठभूमि और 'अजातशत्रु' होने का मतलब समझाया।

''यह तो पहले से तय है अजातशत्रु,'' देवदत्त ने कहा, ''तुम्हारा नाम अजातशत्रु क्यों रखा गया? क्योंकि तुम जन्म से पहले ही शत्रु मान लिए गए। जब शत्रु हो तो फिर शत्रु का सा ही आचरण करो।''

इस तरह देवदत्त ने अजातशत्रु को मानसिक रूप से तैयार कर दिया। अब अजातशत्रु के मन में यह बात बैठ गई कि उसके पिता बिंबिसार एक राजा हैं और वह इस राज्य का अधिकारी है।

और देवदत्त के बहकावे में आकर एक दिन वह सचमुच अपने पिता की हत्या करने पहुँच गया, किंतु उसे रंगे हाथों पकड़ लिया गया।

''मुझे क्यों मारना चाहते हो, पुत्र? तुम्हें क्या चाहिए?'' मगध नरेश बिंबिसार ने अजातशत्रु से पूछा।

''मुझे राजसिंहासन चाहिए। मैं राजा बनना चाहता हूँ।'' अजातशत्रु ने ढिठाई से कहा।

''यह तो तुम्हारा अधिकार है, पुत्र! वैसे ही मुझसे कह दिया होता। मैं

तो स्वयं इस विषय में सोच रहा था। यह सब तुम्हारा ही है पुत्र।'' यह कहते हुए बिंबिसार ने अजातशत्रु के सिर पर राजमुकुट रख दिया।

अपराध के लिए दंड के बजाय पुरस्कार! यह था एक पिता का हृदय, किंतु अजातशत्रु की आँखों पर तो अज्ञान की पट्टी बँधी थी। उसके मन पर मोह का आवरण पड़ा था। उसने कुछ नहीं देखा। उसने कुछ नहीं समझा।

''बधाई हो मगधराज!'' देवदत्त ने अजातशत्रु को बधाई दी और साथ ही भविष्य के प्रति सचेत भी कर दिया—''अब तुम्हारी राह और कठिन हो गई है।''

''वह कैसे?'' अजातशत्रु ने पूछा।

''वह ऐसे कि तुमने स्वयं देखा कि महाराज ने कोई प्रतिरोध नहीं किया। उन्होंने तो जैसे थाली में सजाकर तुम्हें राजपद परोस दिया! यह इतना सरल होता है क्या? तुम्हें इसमें कुछ अस्वाभाविक नहीं दिखाई देता? कल को क्या पता, महाराज कोई अनुकूल अवसर देखकर अपनी सैन्य शक्ति जुटाएँ और तुम्हें अपदस्थ कर दें! तुम पुत्र होकर ऐसा कर सकते हो तो वे पिता होकर ऐसा क्यों नहीं कर सकते? राजनीति में कुछ भी हो सकता है, अजातशत्रु! मगध नरेश अजातशत्रु!''

कुबुद्धि अजातशत्रु के मन में शंका का बीज रोप दिया था देवदत्त ने। वह अब पूरी तरह से देवदत्त के नियंत्रण में था। देवदत्त जो चाह रहा था, अजातशत्रु वही कर रहा था।

''तो फिर मुझे क्या करना चाहिए?'' उसने पूछा।

''क्या करना चाहिए? बिलकुल स्पष्ट है। महाराज को रास्ते से हटा दो।'' देवदत्त ने बेझिझक कहा। इसी में उसे अपनी भलाई दिख रही थी। अजातशत्रु निर्द्वंद्व राजा होगा तो सत्ता वास्तव में देवदत्त के हाथों में होगी। महाराज बिंबिसार तो बुद्ध-भक्त थे, बुद्ध के प्रभाव में थे। यानी बिंबिसार के रहते मगध में बुद्ध की ही तूती बोलेगी। उनके परिदृश्य से अदृश्य हो जाने पर वह बुद्ध से अपना प्रतिशोध पूरा कर सकेगा, फिर भिक्खु संघ पर उसका यानी देवदत्त का ही कब्जा होगा।

अपनी सफलता पर मन-ही-मन प्रसन्न हो रहा था देवदत्त। अजातशत्रु की आँखों में उसे अपनी कामयाबी स्पष्ट दिखाई दे रही थी। उसका आकलन गलत भी नहीं था। क्योंकि अगले ही दिन अजातशत्रु ने अपने पिता बिंबिसार को कारागार में डलवा दिया। उनका भोजन-पानी बंद करवा दिया, ताकि वे वहाँ भूख-प्यास से तड़पकर दम तोड़ दें।

लेकिन जब काफी समय बीत जाने पर भी अपने पिता बिंबिसार के मरने का समाचार अजातशत्रु को नहीं मिला तो उसे संशय हुआ, आश्चर्य हुआ। उसके लिए यह रहस्य था।

यह रहस्य दिया था उसकी माँ रानी कोसल देवी की अनूठी सूझ-बूझ ने।

वास्तव में जब अजातशत्रु ने अपने पिता मगध नरेश बिंबिसार को कारागार में डलवाया था तो उसने उनसे किसी के भी मिलने पर पाबंदी लगा दी थी। केवल रानी कोसल देवी इसका अपवाद थीं, उन्हें अपने पति से मिलने की अनुमति थी।

स्वाभाविक था, रानी इस घटना से अत्यंत दुःखी थीं। वे तो इस बात से क्षुब्ध भी थीं कि उन्होंने अजातशत्रु जैसे खलनायक को जन्म ही क्यों दिया।

रानी अपने पति से मिलने गईं तो उन्हें अपने पति की हालत देखकर बहुत बुरा लगा। बहुत दया आई उन्हें। उनकी आँखों में आँसू आ गए। मगध के इस शक्तिशाली राजा की पुत्र के हाथों ही हो रही दुर्गति पर उन्हें जितना दुःख हुआ, उससे कहीं अधिक क्रोध भी आया। उन्हें अपनी आँखों के आगे इस तरह से भूख-प्यास से व्याकुल होते, तड़पते अपने पति से बहुत सहानुभूति हुई।

वे क्या कर सकती थीं। उन्होंने इसी प्रश्न पर मनन किया और उपाय उनके हाथ लग गया।

अब वे हर दिन कारागार जातीं तो पति के लिए अपनी कमर पर भोजन बाँधकर ले जातीं। अजातशत्रु को पता चला तो उसने इस पर प्रतिबंध लगा दिया। अब रानी की तलाशी लेकर ही उन्हें कारागार में प्रवेश करने दिया

जाता। रानी दुःखी हो गईं और उस दुःख में से ही एक और रास्ता निकल आया। अब वे अपने जूड़े में छिपाकर खाना ले जाने लगीं, किंतु यह भी कुछ दिन ही चल सका। संशयग्रस्त अजातशत्रु ने इस युक्ति को भी पकड़ लिया। अब रानी को जूड़ा बाँधकर कारागार में घुसने की भी मनाही हो गई।

जहाँ चाह, वहाँ राह। रानी ने एक और तरकीब सोच ली। अब वे अपने पति से मिलने जातीं तो उससे पहले सुगंधित जल से स्नान करतीं और अपने शरीर पर शहद, मक्खन और घी का लेप कर लेतीं। बिंबिसार उसका शरीर चाटकर अपना पोषण प्राप्त करते।

तू डाल-डाल, मैं पात-पात। चौकस अजातशत्रु ने इस चतुराई को भी पकड़ लिया। उसने रानी का कारागार में आना-जाना ही बंद करवा दिया। अजातशत्रु को इससे भी संतोष नहीं हुआ। वह संयोग पर कुछ भी नहीं छोड़ना चाहता था। वह कोई जोखिम भी नहीं उठाना चाहता था। अब उसका धैर्य भी जवाब दे रहा था।

एक दिन उसने अपने नाई को बुलाया। नाई को उसने आदेश दिया कि वह बिंबिसार के तलवे काट दे और उनमें नमक व तेल भरकर उन्हें आग से तपा दे।

नाई ने आदेश का पालन किया। बिंबिसार ने तड़प-तड़पकर दम तोड़ दिया।

दंत कथाओं में यह भी उल्लेख मिलता है कि जिस दिन बिंबिसार की मृत्यु हुई, उसी दिन अजातशत्रु के यहाँ एक पुत्र ने जन्म लिया। इन दोनों ही घटनाओं का समाचार उसे एक साथ मिला। उसे दो पत्र मिले, ।जनमें से एक में उसके पुत्र के जन्म का समाचार था और दूसरे में उसके पिता की मृत्यु का समाचार।

पहले अजातशत्रु ने जो पत्र खोला, उसमें पुत्र के जन्म का समाचार था। वह हर्षातिरेक से झूम उठा। उसके हृदय में कोमल पितृ भाव उमड़ा। यह अनुभव उसके लिए अपूर्व था। यह भाव उसके लिए नवेला था, अद्वितीय था। क्या यही होता है पिता होने का मतलब ? अद्‍भुत!

पिता बनने का भाव मन में तिरते ही उसे अपने पिता का स्मरण हो आया। उसका हृदय वेदना से भर गया। इतना क्रूर कैसे हो गया वह! क्या उसके अपने पिता ने उससे इतना ही प्रेम किया था? इसका उत्तर माँ ही दे सकती थीं। वह दौड़ा-दौड़ा माँ के पास गया।

"माँ, क्या पिताजी मुझे प्रेम करते थे?" उसने माँ से पूछा।

"कैसी बातें करता है तू!" माँ ने उसे प्यार से झिड़का, "उनके कारण ही तू जन्म ले पाया। तेरे बारे में तो यही भविष्यवाणी की गई थी कि तू अपने पिता की हत्या करेगा। मैं तो तुझे जन्म भी नहीं देना चाहती थी, किंतु तेरे पिता ने ही मुझे गर्भपात से रोका। तेरे पैदा होने के बाद भी मैं तुझे मारना चाहती थी, किंतु फिर तेरे पिता ने मुझे ऐसा करने से रोका। एक बार जब तू छोटा था तो तेरी उँगली में फोड़ा हो गया। तूने रो-रोकर बुरा हाल कर दिया। किसी के भी चुप कराने पर चुप नहीं हुआ तू। सबके प्रयास व्यर्थ गए। सब मुझे सांत्वना दे-देकर थक गए, किंतु तू नहीं बहला। तेरे पिता तब दरबार में महत्त्वपूर्ण काम देख रहे थे। फिर भी उन्होंने तेरे लिए समय निकाला। उन्होंने तेरी उस उँगली को मुँह में लेकर चूसना शुरू कर दिया। फोड़ा उनके मुँह में ही फूट गया—सारा रक्त, सारा मवाद। तब जाकर तुझे चैन मिला और तू सो गया। क्या सोचता है तू? क्यों किया उन्होंने यह सब? क्या यह प्रेम नहीं था? क्या था फिर यह?"

माँ की बात सुनकर अजातशत्रु तड़प उठा। उसे स्वयं से ग्लानि हुई। इतना क्रूर क्यों हो गया वह? इतना क्रूर कैसे हो गया वह?

"पिताजी!" उसके मुँह से बरबस निकला और वह रो पड़ा।

"अरे, कोई जाओ और जाकर उन्हें मुक्त करो कारागार से!" अजातशत्रु भरभराए स्वर में चिल्लाया।

तभी उसने दूसरा पत्र खोला।

महाराज बिंबिसार को मगधराज अजातशत्रु के आदेश पर मौत के घाट उतारा जा चुका था!

पत्र पढ़कर स्तब्ध रह गया अजातशत्रु।

उसे अत्यंत पश्चात्ताप हुआ।

पर अब उसके सिवाय हो भी क्या सकता था?

पश्चात्ताप की आग धीरे-धीरे किंतु लगातार उसे जलाने लगी। मानसिक संताप और संत्रास ने उसे उद्विग्न कर दिया। मानसिक अशांति ने उसे घेर लिया। उसका चैन छिन गया।

उसे स्वयं पर जितनी ग्लानि हो रही थी, उससे अधिक देवदत्त पर क्रोध आ रहा था। देवदत्त के बहकावे में आकर ही तो वह इस कुपथ पर चल पड़ा था। उसकी गलती यही थी कि उसने देवदत्त की कुत्सित भावना को नहीं समझा, उसकी चिकनी-चुपड़ी बातों में आ गया। उसके पिता महाराजा बिंबिसार ने तो चुपचाप उसे राजमुकुट पहना ही दिया था। उन्होंने तो उसे राजा घोषित कर ही दिया था, फिर उसने ऐसा क्यों किया?

अजातशत्रु का महापाप उसका पीछा नहीं छोड़ रहा था। वह इतना कैसे गिर गया? इतना क्रूर कैसे हो गया? अब इसका क्या प्रायश्चित्त हो सकता था?

जहाँ तक रही बात देवदत्त की, तो उसे अजातशत्रु ने बहिष्कृत कर दिया। उसे दी गई सारी सुख-सुविधाएँ छीन लीं, सारे अधिकार छीन लिए, किंतु अजातशत्रु अपना क्या करता? उसे तो पश्चात्ताप की आग में जलना ही था।

उसने राज-काज में अपना मन, अपना ध्यान लगाना चाहा। उसने लाख जतन किए कि दुखद अतीत को भुलाकर अपने वर्तमान को सँवारे, अपना भविष्य सुधारे, किंतु ऐसा हुआ नहीं।

पश्चात्ताप की घातक व्याधि ने उसे शारीरिक और मानसिक तौर पर तोड़कर रख दिया, कमजोर कर दिया। उसके बनाए दुष्चक्र ने उसको ही अपनी चपेट में ले लिया।

अजातशत्रु की मृत्यु भी अस्वाभाविक हुई।

कैसे? यह एक अलग कहानी है।

□

# ३

# महादान

कोसल नरेश प्रसेनजित् की राजधानी श्रावस्ती में एक अत्यंत धनाढ्य व्यापारी रहता था। उसका नाम था सुदत्त।

सुदत्त की मान्यता थी कि हमारे पास जो भी धन-धान्य अतिरेक में होता है, उसे केवल हमारी सुख-सुविधा के लिए व्यय नहीं किया जाना चाहिए। उससे उन सबका भी कल्याण होना चाहिए, जो अकिंचन हैं, जो साधन-वंचित हैं।

परोपकार को उसने अपने जीवन का नियम, अपना लक्ष्य बना लिया था। अभावग्रस्त व्यक्तियों की सहायता करने में उसे सच्ची सुखानुभूति होती थी।

अनाथों-असहायों को उनकी आवश्यकतानुसार दान देने और भोजन उपलब्ध कराने की उसकी नियमित प्रकृति के कारण ही उसका नाम अनाथपिंडिक पड़ गया।

उसका विवाह राजगृह की कुमारी पुण्यलक्षणा से हुआ था। इस कारण उसका वहाँ आना-जाना लगा रहता था। ऐसी ही एक यात्रा के दौरान उसे तथागत बुद्ध के विषय में पता चला। वे अगले दिन उसके साले के यहाँ भोजन ग्रहण करने आने वाले थे।

बुद्ध शब्द सुनते ही अनाथपिंडिक को रोमांच हुआ। वह तथागत के दर्शन के लिए लालायित हो गया। उसकी अधीरता ने उसे चैन से सोने भी नहीं दिया। वह व्याकुल था। वह भोर की प्रतीक्षा भी नहीं कर सका और मुँह अँधेरे ही तथागत की तलाश में निकल पड़ा।

बुद्ध-दर्शन करके वह धन्य हो गया। तथागत से धम्म-वचन सुनने के उपरांत उसने तुरंत ही निवेदन कर दिया—"भंते, यदि आगामी वर्षाकाल श्रावस्ती में व्यतीत करें तो भिक्खु संघ सहित पधारे तो बड़ी कृपा होगी।"

तथागत ने उसके अनुरोध का सम्मान करते हुए इंगित कर दिया कि बुद्ध कैसे स्थान में विहार करते हैं।

श्रावस्ती लौटते ही अनाथपिंडिक ऐसे उपयुक्त स्थान की तलाश में जुट गया। उसे कुमार जेत का उद्यान भा गया। यह हरा-भरा था और शांत भी। बुद्ध विहार के लिए इससे श्रेष्ठतर कोई और स्थान नहीं हो सकता था। यह नगर के कोलाहल से दूर था, तो इतना दूर भी नहीं था कि लोगों को यहाँ पहुँचने में कोई कठिनाई हो। यहाँ किसी प्रकार के विघ्न की आशंका भी नहीं थी। यहाँ पूर्ण एकांत था। यहाँ का वातावरण भी शुद्ध निर्मल था।

बस अनाथपिंडिक ने ठान लिया कि वह इस स्थान को विहार के लिए प्राप्त करेगा। अनाथपिंडिक ने राजकुमार जेत से मिलकर अपनी इच्छा व्यक्त की और उद्यान को खरीदने का प्रस्ताव रखा। कुमार जेत एकाएक कुछ समझ नहीं पाया। भला यह व्यापारी उसके उद्यान को ही क्यों खरीदना चाहता है?

कुमार जेत ने परिहास किया, "तो फिर जितनी भूमि को आप स्वर्ण मुद्राओं से ढक सकें, वह आपकी!"

अनाथपिंडिक थोड़ी देर तक शांत-मौन रहा।

"क्यों? पड़ गए चिंता में!"

"नहीं, ऐसी बात नहीं है," अनाथपिंडिक ने उत्तर दिया, "मैं तो यह सोच रहा था कि अपने भंडारों में से किस भंडार में से आपको ये मुद्राएँ दूँ।"

राजकुमार ने बात को टाल दिया। उसे विश्वास ही नहीं हुआ था।

"तो फिर सौदा पक्का?" अब अनाथपिंडिक की बारी थी।

"ठीक है!" कुमार जेत ने मन-ही-मन हँसते हुए कह दिया। अब क्या लौटेगा वह!

शांत अनाथपिंडिक वहाँ से चला गया।

राजकुमार जेत बात को आई-गई मानकर भूलने चला ही था कि उसे

गाड़ियों के घड़घड़ाने का शोर सुनाई दिया। उसने विस्मय से देखा कि इन गाड़ियों में सोना लदा था और उसके उद्यान में सोने की मुद्राएँ बिछाई जा रही थीं!

अनाथपिंडिक के सेवकों ने जेतवन को स्वर्ण मुद्राओं से लगभग पूरा-का-पूरा ढक दिया।

अब राजकुमार जेत चैतन्य हुआ।

यह बुद्ध अवश्य ही अद्वितीय महामानव हैं, जो अनाथपिंडिक ने आँख मूँदकर इतनी स्वर्ण मुद्राएँ निकाल दीं—राजकुमार जेत ने सोचा। उसके मन में आया कि फिर तो उसे भी कुछ करना चाहिए।

''ऐसा करें'' उसने अनाथपिंडिक से कहा, ''शेष भूमि को आप मेरी ओर से दान समझकर स्वीकार करें और इस पुण्य कार्य में निवेश करें।''

अनाथपिंडिक ने इस भेंट को सहर्ष और साभार स्वीकार किया।

उचित अवधि में वहाँ पर एक भव्य और विशाल विहार बनकर तैयार हो गया। अनाथपिंडिक ने अपनी उदारता का परिचय देते हुए उस विहार का नाम राजकुमार जेत के नाम पर जेतवन विहार रख दिया। यह विहार 'अनाथपिंडिक का जेतवनाराम' के नाम से भी प्रसिद्ध हुआ। अनाथपिंडिक ने इसके साथ ही प्रमाणित कर दिया कि उसके पास केवल अपार धन ही नहीं, उदार मन भी था।

तथागत बुद्ध ने उचित समय पर पधारकर अपने विशाल भिक्खु संघ सहित वहाँ वर्षावास किया।

बुद्ध का नियम था कि वह पूरे वर्ष अकेले ही या अपने भिक्खु शिष्यों सहित चारिका करते रहते थे, घूम-घूमकर अपने सद्धर्म का प्रसार करते थे। मनुष्यों को सद्मार्ग की शिक्षा देते थे। वर्षा के महीनों में वे एक स्थान में ठहरते थे।

अनाथपिंडिक के बनवाए इस विहार का महत्त्व और इसकी विशिष्टता का पता इस तथ्य से चलता है कि शाक्यमुनि ने यहाँ अपने बुद्ध-जीवन की उन्नीस वर्षा-ऋतुएँ व्यतीत कीं।

□

४

# अनमोल धन

कपिलवस्तु के छह शाक्य राजकुमार—आनंद, अनिरुद्ध, भद्दिय, किंबिल, भृगु और देवदत्त—जब प्रव्रज्या ग्रहण करने के लिए अनूपिया जाने का उपक्रम करने लगे, तो उन्होंने उपालि को भी अपने साथ ले लिया।

उपालि जाति से नाई था और उसके परिवार में शाक्य राजवंश की सेवा ही मुख्य नियोजन था। उसका जन्म भी कपिलवस्तु में ही हुआ था। वह इन कुमारों की सेवा-टहल करते हुए ही बड़ा हुआ था। वह उनके क्रोधी और घमंडी स्वभाव से भली-भाँति परिचित था, किंतु यह एक अलग ही अवसर था।

जब वे सीमांत पर पहुँच गए तो शाक्य कुमारों ने अपने साथ चल रहे दल-बल से विदा ली। सब-के-सब वापस चले गए तो उन्होंने अपनी मुख्य यात्रा आरंभ की।

वे आराम से चल रहे थे। उनके उद्देश्य की गरिमा और पावनता उनमें अथाह उमंग भर रही थी। उनका ध्यान बस अपने गंतव्य और मंतव्य की ओर था। उनके मन में और कुछ नहीं था। वे एकाग्र थे।

शाक्य कुमारों के लिए यह हर्ष और गर्व का विषय था कि उनके ही कुल के सिद्धार्थ गौतम ने बोधि प्राप्त कर ली थी और अब वे 'बुद्ध' हो गए थे। बुद्ध ने मानवता की मुक्ति के लिए अपने सद्धर्म की स्थापना कर दी थी। छोटे-बड़े सभी लोग उनसे प्रभावित होकर उनकी शरण में आ रहे थे।

शाक्य कुमारों का प्रयोजन भी यही था। वे बुद्ध-शासन में प्रव्रजित

होकर अपना जीवन सार्थक करना चाहते थे। उनकी यही चाहत उन्हें अनूपिया की ओर लिये जा रही थी, जहाँ बुद्ध उस समय विहार कर रहे थे।

अनूपिया पहुँचने से पहले उन्होंने अपने संकल्प और अपनी उपस्थिति को टटोला। अच्छा ही हुआ। उनका ध्यान अपनी वेश-भूषा पर गया। ये तड़क भड़क, ये चटकीले वस्त्र, ये मूल्यवान वस्त्र, कहाँ जा रहे थे वे यह सब पहनकर? किसी राजसी उत्सव या समारोह में? यह संन्यास है? क्या बुद्ध के समक्ष ऐसे ही निवेदन करेंगे वे?

शाक्य कुमारों को लज्जा की अनुभूति हुई। यदि इस सांसारिकता से ही लिपटे रहना है तो कैसी प्रव्रज्या? कैसा गृह-त्याग? उन्होंने आगे की नीति पर विचार किया। चिंतन किया कि उपयुक्त क्या रहेगा।

कुछ देर सोच-विचार के उपरांत वे इस निर्णय पर, इस निष्कर्ष पर पहुँचे कि सबसे पहले तो उन्हें लौकिक आसक्ति के इन प्रतीकों से मुक्ति पानी होगी। इन वस्त्राभूषणों का त्याग करना होगा।

किंतु करें क्या वे इनका? इन्हें ऐसे ही तो नहीं फेंक सकते। किसको दें?

उनका ध्यान अपने सेवक उपालि की ओर गया। उन्हें समाधान मिल गया।

क्यों न इन मूल्यवान वस्त्राभूषणों को उपालि को दे दिया जाए!

हाँ, यह अच्छा सुझाव था। समीचीन प्रस्ताव था। उपालि ने उनकी जो सेवा की थी, उसका उचित प्रतिदान होगा यह। वे उऋण हो जाएँगे। अलोम-भाव उनमें जाग्रत् हो चुका था। उन्होंने अपने सभी कीमती वस्त्राभूषण उतारकर साधारण वस्त्र पहन लिये।

इन कीमती वस्त्राभूषणों को उन्होंने एक पोटली में बाँध दिया, फिर उन्होंने उपालि को संबोधित किया—

''मित्र उपालि! हम तो प्रव्रजित होने जा रहे हैं। हमारे लिए अब इन राजसी वस्त्रों और आभूषणों का कोई अर्थ नहीं है। हमें इनकी कोई आवश्यकता नहीं है। हम इस मोह से मुक्ति चाहते हैं। वैसे भी हमें राजसी वेशभूषा में

धम्म संघ में प्रवेश नहीं मिलेगा। इस पोटली में हमारे सारे वस्त्राभूषण हैं। हम चाहते हैं, इन्हें तुम ले लो।"

"मैं ?" उपालि अचकचा गया।

"हाँ, तुम। इसमें संशय और संकोच की तो कोई बात होनी ही नहीं चाहिए। तुमने हमारी इतनी सेवा की है। इसे देखते हुए तो यह कुछ भी नहीं है।"

"किंतु…!"

"किंतु-परंतु कुछ नहीं। तुम हमारे सेवक ही नहीं, हमारे मित्र भी हो और फिर, जैसे तुम पर हम अधिकार जताते हैं, वैसे ही तुम्हारा भी तो हम पर अधिकार बनता है। तुमने सदा ही हमारे आदेशों का सम्मान किया है। तो क्या आज हमारी बात नहीं मानोगे ?"

"आर्य कुमार!"

"बस! अब कुछ नहीं। तुम्हें हमारी यह भेंट स्वीकार करनी ही होगी। अब तो हम अनागरिक होने जा रहे हैं। अब तो हम तुम्हें और कुछ दे नहीं पाएँगे। इसलिए इन्हें रख लो। यह तुम्हारे शेष जीवन के लिए पर्याप्त होंगे और हमारे मन का बोझ भी हट जाएगा। वैसे भी, हम इन्हें ऐसे कहीं फेंक तो नहीं सकते।"

उपालि ने अनिच्छापूर्वक ही मूल्यवान गठरी शाक्य कुमारों से ले ली। यह बात उसे भी समझ में आ गई थी कि इतनी संपदा उसके शेष जीवन के लिए पर्याप्त होगी। शेष जीवन के लिए क्या, आगामी कई पीढ़ियों के लिए भी पर्याप्त होगी। अब वह क्या बोलता ?

"तो फिर हम चलते हैं। अब तुम यहीं से लौट जाओ और अपने जीवन को सफल करो, समृद्ध करो।"

उपालि खड़ा-खड़ा शाक्य कुमारों को जाते देखता रहा। जब तक वे ओझल नहीं हो गए, वह उन्हें ही ताकता रहा। उसकी नम आँखें उन पर टिकी रहीं। उसकी आँखों में अविश्वास के, संशय के, हर्ष के आँसू थे।

क्या मैं वास्तव में अब इतनी सारी धन-संपदा का स्वामी हूँ ? क्या यह

सब सचमुच अब मेरा है? उसने इधर-उधर देखा। कहीं कोई नहीं था। वह था और वह बहुमूल्य गठरी थी।

उसे डर भी लगा। इस निर्जन स्थान में इतने कीमती आभूषणों के साथ? वह सुरक्षित था? कहीं किसी को संदेह हो गया तो?

फिर उसने इन अनाहूत विचारों को अपने मन से झटका और गठरी उठाकर चल पड़ा वापसी यात्रा पर।

किंतु वह आश्वस्त होना चाहता था। वह अपनी मानसिक थकान भी मिटाना चाहता था। वह एक बार पक्का विश्वास कर लेना चाहता था कि यह कोई अमूर्त स्वप्न तो नहीं है।

कुछ दूर चलने के उपरांत उसने उस गठरी को नीचे रख दिया और सोच-विचार करने लगा। इस संपदा को वह कैसे सँभालकर रखेगा? क्या सदुपयोग करेगा इसका? क्या यह सारा धन उसके पास बना रह सकेगा?

ऐसे ही कई विचार उसके मन में आते-जाते रहे। वह अपने भविष्य को सुरक्षित देख हर्षित था। शाक्य कुमारों का उपकार मान रहा था वह कि उन्होंने उसे अनिश्चितता के भँवर में नहीं धकेला। वह निश्चिंत होकर अपना शेष जीवन सुख-संपन्नता में काट सकता है।

'किंतु?' एक बहुत बड़े प्रश्नवाचक किंतु ने उसे एक जोर का झटका दिया। जैसे यह आघात स्थूल था। वह एक ओर को गिरने को हुआ। तुरंत ही सँभलकर बैठ गया और इस 'किंतु' का विश्लेषण करने लगा। उसके सभी संभावित पक्षों के विषय में सोचने लगा—किंतु यदि ऐसा हुआ तो? किंतु यदि वैसा हुआ तो?

वह कपिलवस्तु लौट तो रहा था, किंतु यदि वहाँ उस पर संदेह किया गया तो?

उपालि जानता था कि शाक्य स्वभाव से ही अत्यंत क्रोधी होते हैं। प्रचंड होते हैं—उग्र और आक्रामक!

यदि शाक्यों ने यह मान लिया कि उपालि ने कुमारों का घात करके उनकी सारी धन-संपदा लूट ली है। यदि ऐसा हो गया तो? वे तो सत्य का

पता लगाने का भी कष्ट नहीं करेंगे। सत्यापन की प्रतीक्षा भी नहीं करेंगे। वे तो आपा खो देंगे। इसका सीधा-सीधा परिणाम यह होगा कि उसे अपनी जान से ही हाथ धोना पड़ेगा। न बाबा न! जान है तो जहान है। अपना यही सादा जीवन सही है। रूखी-सूखी खाकर भी निःशंक तो रहूँगा कोई खटका तो नहीं रहेगा।

उपालि ने खूब सोच-विचारकर तय किया कि वह इस भय की गठरी से अपना पीछा छुड़ाएगा। इस जोखिम को जानते-बूझते अपने गले लगाना कहाँ की बुद्धिमानी है! और उसने निर्णय ले लिया।

वह एक झटके से उठ बैठा। उसने वह पोटली उठाई और उसे एक वृक्ष पर टाँग दिया। अब जो चाहे इस अकूत संपत्ति को ले जाए। वह भारमुक्त हुआ।

वह आगे बढ़ चला, किंतु एक बार फिर उसे रुक जाना पड़ा। अब जो बात उसके मन में आई, वह अद्‍भुत थी। पहले उसने क्यों नहीं सोचा यह? पहले उसका ध्यान इस ओर क्यों नहीं गया?

शाक्य कुमारों ने इतनी सारी संपदा इतनी आसानी से क्यों छोड़ दी? वे तो वैभव में पले-बढ़े हैं। धन को इतनी उदासीनता से अपने से विलग कर देना उनके स्वभाव में नहीं था। वे तो संपन्नता का प्रदर्शन करने में अपनी शान समझते थे।

तो अब क्या हुआ? सहसा यह परिवर्तन क्यों? यह वैराग्य मेल नहीं खाता उनके व्यक्तित्व से, उनके स्वभाव से।

और मनन करने पर उसकी समझ में सबकुछ आ गया।

बुद्ध! हाँ, बुद्ध का ही प्रताप है यह!

बुद्ध के लिए ही शाक्य कुमारों ने सर्वस्व त्याग दिया है।

वास्तव में यह शाक्यमुनि की महानता का साक्षात् प्रमाण था—और क्या साक्ष्य होगा इससे बढ़कर?

अब उपालि की चिंतन-धारा तथागत बुद्ध की ओर मुड़ गई। वह उस महामानव के बारे में सोचे जा रहा था।

कपिलवस्तु से निकलने के उपरांत सिद्धार्थ गौतम ने किस प्रकार विभिन्न दर्शन-गुरुओं के पास जाकर उनके दर्शन को समझा। कैसे वह हर ओर से निराश होकर स्वयं सत्य के अन्वेषण पर निकल पड़े। कैसे उन्होंने कठोर तप किया। मतलब यह कि कैसे उन्होंने बोधि प्राप्त की और बुद्ध बन गए।

बुद्ध बनने के बाद जिस तरह उन्होंने अपने धम्म को प्रकाशित किया और सभी छोटे-बड़े, ऊँचे-नीचे, कुलीन-अकुलीन लोगों को अपने शासन में अंगीकार किया, उपालि ने सब सुना था।

उस रत्न की तुलना में इस संपदा का क्या मोल था?

उपालि को बात समझ में आ गई, इसलिए शाक्य कुमारों ने त्याग दी थी यह निधि! इसलिए ठुकरा दिया उन्होंने यह धन-वैभव!

फिर वह क्या था? उसके पास क्या था त्यागने को? खोने को? वह तो वैसे ही अकिंचन था।

हाँ, वह भी इस अनमोल धन को, इस बुद्ध-रत्न को प्राप्त करेगा। वह भी बुद्ध की शरण में जाएगा। उपालि एक बार फिर मुड़ा और उस दिशा में चल दिया, जिधर शाक्य कुमार गए थे।

लगभग दौड़ते हुए उपालि ने शाक्य कुमारों को जा पकड़ा। राजकुमार उसे देख चकित हुए।

उपालि ने इस अंतराल के घटनाक्रम के बारे में शाक्य कुमारों को बताते हुए स्पष्ट किया कि वह भी बुद्ध की शरण में जाने को कृत संकल्प है।

राजकुमारों को यह सुनकर हर्ष हुआ और उपालि को साथ लेकर वे अनूपिया पहुँच गए। वहाँ कुमारों से पहले उपालि की दीक्षा हुई और इस प्रकार वरिष्ठता भी प्राप्त हुई।

कालांतर में उपालि ने तथागत बुद्ध के प्रमुख दस शिष्यों में अपना स्थान बनाया।

□

५

# खीर का भोग

गृह-त्याग करने के उपरांत शाक्य कुमार सिद्धार्थ गौतम परम सत्य की खोज में भटकते रहे। संन्यासी वेश में वे अपने समय के प्रसिद्ध और नामचीन धर्मगुरुओं तथा दार्शनिकों के पास गए। सिद्धार्थ ने उन ऋषियों-मुनियों से उनके ज्ञान की सूक्ष्मताओं और गहनताओं को समझा। उनकी जिज्ञासा, उनकी उत्सुकता उन्हें अनेक आश्रमों में ले गई।

किंतु सिद्धार्थ की असाधारण पिपासा को शांत करने के लिए इन ज्ञानियों के पास कदाचित् कुछ भी नहीं था। उनके दर्शन, उनकी मीमांसाएँ सिद्धार्थ को संतुष्ट नहीं कर सकीं। वह जिसकी खोज में घर से निकले थे, उसका पता उन्हें उनसे नहीं मिला।

सिद्धार्थ को जो भी मार्ग सुझाया गया, उन्होंने उसका अनुसरण करने का भरपूर प्रयास किया, किंतु कहीं संतोष नहीं मिला।

इस प्रकार सिद्धार्थ ने छह वर्ष तक कठोर तपस्या की। स्वयं को खूब तपाया। अन्न-त्याग कर दिया। वह कृश हो गए। शरीर सूख गया। पेट-पीठ मिलकर एक हो गए। पसलियाँ उभर आईं। उन पर से मांस हट गया।

फिर भी अभीष्ट की प्राप्ति उन्हें नहीं हुई। उपवास-तप सब व्यर्थ जा रहा था। सत्य का छोर भी उनके हाथ नहीं लगा था।

इसी अवस्था में वह निरंजना नदी के तट पर एक वट वृक्ष के नीचे आ बैठे। वह मनोरम और शांत स्थल उन्हें अपने लिए अनुकूल लगा। वे ध्यानस्थ हो गए।

तब वहाँ एक ऐसी घटना घटी, जिसने मानवता के इतिहास का एक नया अध्याय लिख डाला।

वहाँ निकट ही उरूवेला का सेनानी गाँव था। यह वट वृक्ष इसी गाँव के बाह्यांचल में स्थित था। सेनानी गाँव में इसी नाम का एक संपन्न-सम्मानित गृहपति प्रमुख रहता था। उसकी सुजाता नाम की एक पुत्री थी। सुजाता अत्यंत सुशील और सुंदर थी। धर्म-कर्म में उसका पर्याप्त समय व्यतीत होता था। वह गाँव के बाहर स्थित इस वट वृक्ष की नियमित पूजा करती थी। उन दिनों की प्रथा के अनुसार वह वट वृक्ष को देवता मानती थी। बहुत श्रद्धा थी, बहुत विश्वास था उसे वट देवता पर।

सुजाता जब विवाह योग्य हो गई तो उसके पिता ने और गाँव के सयानों ने भी उसके उपयुक्त वर की तलाश शुरू कर दी। संकोची स्वभाव के कारण सुजाता किसी से इस विषय में कुछ नहीं बोलती थी, किंतु मन-ही-मन वह यह तो चाहती ही थी कि उसे अच्छा वर मिले। ऐसा युवक चाहती थी वह जो उसके सपनों का राजकुमार हो, किंतु वह यह भी चाहती थी कि उसका पति सुशील हो, सदाचारी हो।

अपनी मनोकामना उसने वट देवता के समक्ष व्यक्त की। उसने वट देवता को यह वचन भी दिया कि यदि उन्होंने उसकी प्रार्थना स्वीकार कर ली और उसे उसकी मनोकामना का अनुकूल उत्तर मिल गया तो वह उन्हें भूलेगी नहीं।

सुजाता ने वट देवता के समक्ष श्रद्धावनत होकर धीमे स्वर में कहा, ''हे देव, मुझे एक सुयोग्य वर दें और यह वरदान दें कि मेरा पहला बच्चा पुत्र ही हो। यदि आपने मेरी यह प्रार्थना स्वीकार कर ली और मेरी मनोकामना पूर्ण हो गई तो मैं वचन देती हूँ कि आपको शुद्ध दूध की स्वादिष्ट खीर का भोग लगाऊँगी।''

वह नियम से वृक्ष देवता की पूजा करती रही। मनौती माँगती रही। पूजा-प्रार्थना वह पहले भी करती थी, किंतु अब उसमें एक अबोध अपेक्षा भी जुड़

गई। संयोग कुछ ऐसा हुआ कि उसकी ये दोनों मनोकामनाएँ पूर्ण हो गईं।

घरवाले और गाँव के सयाने उसके लिए वर ढूँढ़ ही रहे थे। पिता की खूब प्रतिष्ठा थी। उनके यहाँ धन-धान्य की कोई कमी नहीं थी। समृद्धि थी, संपन्नता थी। सुजाता की छवि अत्यंत निर्मल थी। जो भी उसे जानता, उसके गुणों को सराहता था। रिश्ता मिलने में कोई कठिनाई होनी ही नहीं थी, हुई भी नहीं।

सुजाता जैसा वर चाहती थी, वैसा ही वर उसे मिला। वह उसके सपनों का राजकुमार ही था—सुदर्शन, सुशील, समस्त सद्गुणों से संपन्न। उसमें किसी बात की कमी नहीं थी।

सुजाता को अपने पति का प्रेम भी खूब मिला। दोनों युवा थे। दोनों सुंदर थे। दोनों जैसे एक-दूसरे के लिए ही बने थे। इस युगल से किसी को भी ईर्ष्या हो सकती थी।

बड़ी उमंग के साथ उन दोनों ने अपना विवाहित जीवन शुरू किया। हर दिन एक नई आशा का संचार करता। हर रात एक नई अपेक्षा लेकर आती। हँसी-खुशी के इस वातावरण में समय का पता ही नहीं चला। वह पंख पसारे द्रुत गति से उड़ता रहा। इसी बीच न जाने कब सुजाता ने गर्भ धारण कर लिया।

कल की वह नटखट-चपल-चंचल बालिका आज स्वयं एक प्राणी को इस लोक में लाने वाली थी। उसने सबसे पहले पति को सूचित किया। उन दोनों की खुशियाँ कई गुना बढ़ गईं। ससुराल वाले आनंदित थे। मायका मगन था।

उचित समय पर सुजाता ने एक स्वस्थ, सुंदर बालक को जन्म दिया। उसे तुरंत वृक्ष देवता का स्मरण हो आया। उसकी प्रार्थना सुन ली गई थी! उसकी मनौती मान ली गई थी! अब वह भी अपना वचन निभाने से पीछे नहीं रहेगी। वह कृतार्थ थी। वह आभार के भार से नत थी।

पुत्र जन्म से जुड़े संस्कार संपन्न हुए। उसने सारी रीतियों-परंपराओं को

परिवार के नियमों के अनुसार पूरा किया। कहीं कोई कमी अपनी ओर से नहीं होने दी। समस्त औपचारिकताएँ जब पूरी हो गईं तो सुजाता ने वृक्ष देवता की सुध ली। सुजाता के मायके में असंख्य गायें थीं। उसके पिता समृद्ध गोपालक थे। गोधन के मामले में भी अत्यंत संपन्न थे। सुजाता ने श्रेष्ठतम गायों का दूध एकत्र किया। इस शुद्धतम दूध को और गाढ़ा करने के लिए उसने उसे खूब पकाया। इस सांद्र दूध में सुजाता ने सर्वोत्तम गुणवत्ता वाले चावल और अन्य सामग्री डाली। उसमें मिठास घोली। उसमें उसकी आस्था की, उसकी अगाध श्रद्धा की मिठास भी घुली।

सुजाता बहुत चाव से, अत्यंत धैर्य के साथ खीर बनाने में जुट गई। उसकी तन्मयता दर्शनीय थी। कदाचित् ही कभी उसने इतना अधिक श्रम किया था। लाड़-प्यार में पली-बढ़ी सुजाता को कभी इसकी आवश्यकता ही नहीं हुई थी। घर में नौकर-चाकर थे, किंतु यह कोई ऐसी-वैसी बात नहीं थी। उसके वृक्ष देवता की वंदना का मामला था। किसी और पर कैसे छोड़ सकती थी वह इस अति महत्त्वपूर्ण कार्य को, इसलिए उसने बड़ी लगन से, बड़ी मेहनत से, बड़ी उमंग से इस पाक कर्म को एक पावन धार्मिक अनुष्ठान की तरह संपन्न किया। जब खीर बनकर लगभग तैयार हो गई तो सुजाता ने अपनी दासी पूर्णा को बुलाया।

''पूर्णा!'' उसने कहा, ''देख, खीर तो अब बन ही गई समझ। वृक्ष देवता को भोग लगाने की तैयारी करनी चाहिए।''

''जैसा आप कहें।'' पूर्णा ने कहा।

''तू ऐसा कर, झटपट जाकर वृक्ष देवता का आसन साफ कर आ।''

''जी, मालकिन!'' कहकर पूर्णा जाने को हुई तो सुजाता ने उसे टोका।

''और देख, नई बुहारी लेकर जाना और हाँ, साथ में कलश ले जाना मत भूलना। आसन बुहारने के बाद वहाँ जल छिड़क देना। धूल बैठ जाएगी। स्थान भी शीतल हो जाएगा।''

पूर्णा ने जाते-जाते रुककर अपनी मालकिन के एक-एक आदेश को

ध्यान से सुना, फिर वह सारी व्यवस्था करके वहाँ से चली गई।

तब सुजाता ने नए वस्त्र पहने। सादा सिंगार किया। स्वयं को देवता के समक्ष उपस्थिति योग्य बनाया। तैयार होकर वह पूर्णा की प्रतीक्षा करने लगी। इस बीच उसने एक स्वर्ण पात्र में खीर निकाल ली थी और उसे एक चमचमाते थाल में रखकर एक स्वच्छ आवरण से ढक दिया था।

उधर पूर्णा अपने संग नई बुहारी और कलश लेकर गाँव के बाहांचल में स्थित उस वट वृक्ष की ओर चल दी। वहाँ पहुँचकर उसने जो दृश्य देखा, उसे देखकर तो विस्मय से उसकी चीख ही निकल गई। उसके हाथ से बुहारी छूट गई और कलश गिरते-गिरते बचा।

"हाय दैया!" उसके मुख से अनायास ही निकला।

वह विस्फारित नेत्रों से उस छवि को ताकती ही रह गई।

उसने देखा, वट वृक्ष के नीचे एक देदीप्यमान महापुरुष विराजमान थे। मुखमंडल पर अद्‌भुत तेज, अलौकिक आभा थी। उनकी उपस्थिति से आसपास असाधारण उजियारा बिखर गया था। सबकुछ जैसे दैवीय आलोक में स्नात था।

पूर्णा उस स्थान को बुहारती रही, अपलक उस तेजस्वी आकृति को देखती रही। उसने जल भी छिड़का।

'कौन हो सकते हैं यह?' वह सोचती जा रही थी।

'वृक्ष देवता!' सहसा एक दबी सी चीख उसके मुख से निकली और वह उलटे पाँव सुजाता के मायके की ओर भाग चली।

वह बुरी तरह से हाँफ रही थी। उसके चेहरे पर हवाइयाँ उड़ रही थीं। उसने साक्षात् वृक्ष देवता के दर्शन किए थे! उसे स्वयं पर विश्वास ही नहीं हो रहा था। राह में जिसने उसे देखा, वह चकित रह गया।

इसी दशा में वह सुजाता के समक्ष जा पहुँची, तो वह भी पूर्णा को देखकर विस्मित रह गई।

"क्या हुआ पूर्णा?" सुजाता ने प्रश्न किया, तो उसमें स्पष्ट विस्मय झलक रहा था।

"स्वामिन! वह...वहाँ...वट देवता...।" उसके मुख से शब्द नहीं निकल रहे थे।

"वट देवता...क्या वट देवता?" सुजाता की समझ में कुछ नहीं आया।

"जी स्वामिन! वट देवता..।"

और उसने सुजाता को वह सब कह सुनाया, जो उसने अपनी आँखों से देखा था।

"क्या कह रही है, तू?"

"जी स्वामिन, मैं बिलकुल सही कह रही हूँ। वे वट देवता ही हैं। साक्षात् उतर आए हैं वृक्ष से!"

अब तक पूर्णा सहज हो चुकी थी। प्रकृतिस्थ हो चुकी थी। संयत हो चुकी थी।

"मिथ्या नहीं कह रही हूँ मैं। मेरा विश्वास कीजिए, स्वामिन!"

नहीं, अविश्वास तो किंचित् भी नहीं कर रही थी सुजाता। वह जानती थी, पूर्णा कभी झूठ नहीं बोल सकती। कदाचित् पूर्णा से समझने में कहीं चूक हो गई—सुजाता ने मन-ही-मन यह निष्कर्ष निकाला। शेष वह वहाँ जाकर स्वयं देख ही लेगी।

"चल मेरे साथ।" सुजाता ने पूर्णा से कहा।

पूर्णा ने बुहारी और कलश को यथास्थान रखा और झटपट तैयार होकर सुजाता के साथ चलने को उद्यत हो गई। जैसे-जैसे वे एक-एक कदम रख रही थीं, सुजाता की उत्सुकता, उसका कौतूहल बढ़ता ही जा रहा था। वृक्ष देवता धरती पर उतर आए थे। कैसे दिखते होंगे वे! उसकी हैरानी उसके मन में उथल-पुथल मचा रही थी और फिर—

"सच री!" सुजाता के मुँह से निकल गया।

अब उसे वट वृक्ष स्पष्ट दिखाई दे रहा था। उसके नीचे आसन जमाए एक धुँधली सी आकृति देख रही थी वह। विस्मय और रोमांच से उसका सारा शरीर काँप गया।

खीर-पात्र को सावधानी से सँभाले हुए सुजाता वट वृक्ष के निकट पहुँच गई। आश्चर्य-मिश्रित श्रद्धा भाव से वह अपने 'वट देवता' के समक्ष नतमस्तक हो गई।

उसने उन्हें खीर समर्पित करते हुए कहा, ''हे प्रभो! विश्वास नहीं हो रहा, देव! मेरी भेंट स्वीकारने आप साक्षात् उपस्थित हो गए। हाँ, प्रभो, आपकी अनुकंपा से मेरी दोनों मनोकामनाएँ पूर्ण हो गईं। आपको कोटि-कोटि धन्यवाद! आपका कोटि-कोटि आभार! आपको कोटि-कोटि नमन! हे वट देवता! मैंने आपसे दो प्रार्थनाएँ की थीं और आपने दोनों को ही स्वीकार कर लिया। धन्य हैं प्रभु! मैं कृतार्थ हुई।''

उसने थोड़ा रुककर आगे कहा, ''हाँ प्रभो! मैंने आपसे सुयोग्य वर माँगा। आपने मुझे मनचाहा पति दिया। मैंने आपसे मनौती माँगी कि मेरी पहली संतान पुत्र हो। आपने मुझे एक स्वस्थ-सुंदर बालक दिया और अब मैं अपना वचन पूरा करने आई हूँ। मैंने आपसे कहा था न कि प्रार्थना सुनी जाने पर आपको शुद्ध दूध की स्वादिष्ट खीर का भोग चढ़ाऊँगी—तो मैं आ गई।''

अब वट वृक्ष के मूल में आसन लगाए बोधिसत्त्व सिद्धार्थ ने अपना मौन तोड़ा।

''किस मनौती, किस वचन की बात कर रही हो तुम, पुत्री! और मैं कोई प्रभु नहीं। मैं तुम्हारा वट देव नहीं हूँ। मैं तो तुम्हारी ही भाँति एक मनुष्य हूँ।''

''क्या कह रहे हैं, देव?''

''हाँ, पुत्री! मैं तो स्वयं सन्मार्ग का पथिक हूँ। मैं तो स्वयं परम सत्य के अन्वेषण पर निकला हूँ। मैं वट देवता नहीं हूँ।''

बोधिसत्त्व का स्वर अत्यंत क्षीण, किंतु सुस्पष्ट, सुमधुर, सुकोमल था। जैसे शांति-आनंद का निर्झर प्रवाहित हो। सुजाता का तो तन-मन भीग गया।

इतनी धीर-गंभीर, इतनी सांत्वनायी वाणी! वट देवता नहीं तो और

कौन हो सकते हैं यह?

"आप जो भी हैं, इसे स्वीकार करें। इसे ग्रहण करें प्रभो! और मुझे कृतार्थ करें। इसे अस्वीकार न करें, महामुनि!"

बोधिसत्त्व सिद्धार्थ ने सहर्ष सुजाता की खीर ग्रहण की।

इसके तुरंत बाद ही उन्हें बोधि लाभ हुआ और वे बुद्ध हो गए। इसके साथ ही वे अमरत्व के पथ पर आरूढ़ हो गए। इसके साथ ही सुजाता भी अमर हो गई।

□

६

# पराया धन

प्राचीन कोसल राज्य की राजधानी श्रावस्ती में एक सेठ रहता था। उसके पास अपार धन-संपदा थी। सुख-साधनों की कोई कमी न थी। परिवार भी उन दिनों के हिसाब से छोटा ही था। पति-पत्नी और पुत्र-पुत्री। किसी किस्म की कोई चिंता सेठ को नहीं थी, उसकी आवश्यकता भी नहीं थी, देखभाल के लिए नौकर-चाकर जो थे। सेठ का अधिकांश समय धनागम में वृद्धि करने के उपक्रम में व्यतीत होता था।

सेठ की पुत्री असाधारण रूपसी थी। बालपन से पूरी स्वच्छंदता मिली थी उसे। प्राकृतिक वातावरण में जैसे पुष्प-लतिका पूरे वेग से बढ़ती है, वैसे ही रोक-टोक और किसी भी प्रकार के प्रतिबंध से मुक्त वह बाला देखते-ही-देखते बालपन की देहरी लाँघकर यौवन के उन्मुक्त प्रांगण में प्रवेश कर गई।

निश्चिंत जीवन के अभ्यस्त सेठ की चिंता अचानक उस दिन शुरू हुई, जब उसने अपनी पुत्री को ध्यान से देखा। वह यह देखकर विस्मित रह गया कि अभी कल ही जो बच्ची उसके सामने से छलाँगें मारती हुई निकल जाती थी, बालसुलभ अठखेलियाँ करती थी, इस या उस बात पर हठ कर मचलती थी, आज वह सकुचाई हुई थी, यौवनभार से दबी जा रही थी। अब सेठ की निश्चिंतता उड़ गई। उसके चिंता करने के दिन आ गए। उसने संकल्प किया कि वह यथाशीघ्र अपनी पुत्री के लिए योग्य वर देखकर उसके हाथ पीले कर देगा।

सेठ ने वर की तलाश शुरू कर दी। उसे इसमें कोई कठिनाई नहीं होनी थी, सो न हुई। क्या नहीं था उसके पास, जो उसे अपनी इकलौती पुत्री के लिए वर ढूँढ़ने में कोई समस्या होती। एक-दो स्थानों पर संपर्क करते ही सेठ-पुत्री के लिए संबंधों का ताँता लग गया। अंतिम निर्णय करने से पूर्व वह अपनी पुत्री से बात कर लेना चाहता था। उसने पुत्री तक यह बात पहुँचा दी, किंतु पुत्री ने 'इत्ती जल्दी!' कहकर बात को टाल दिया।

सेठ को पुत्री के इनकार में कुछ भी असहज, कुछ भी अस्वाभाविक नहीं लगा। कौन कन्या अपने विवाह के लिए उतावली, अधीरता दिखा सकती है? यह तो निर्लज्जता का ही प्रदर्शन न होता! सेठ को प्रसन्नता ही हुई। गर्व हुआ उसे कि उसकी पुत्री में शील और लज्जा शेष है, किंतु वह कोई जोखिम भी नहीं रखना चाहता था। लोकाचार को ध्यान में रखते हुए एक पिता के रूप में वह इसे अपना कर्तव्य समझता था कि पुत्री को उचित वय में उसके पति के घर भेज दे। कन्या तो पराया धन होती है। यही सोचकर सेठ ने अपने प्रयासों में ढील नहीं आने दी।

उधर सेठ-पुत्री अपनी जीवन-गाथा अपने आप और अपने ही तरीके से लिखने की चेष्टा में थी। बचपन से उसे जो स्वच्छंदता, जो उन्मुक्तता मिली थी, उसने उसे स्वेच्छाचारी बना दिया था। अपने सारे निर्णय स्वयं करने की जो स्वतंत्रता उसे प्राप्त थी, उसने उसे सामान्य रीति बना लिया था। अब अपनी भी बात को दूसरों के आदेश या निर्देश पर चलाना उसके लिए असहज ही नहीं, अपितु असंभव हो गया था। 'दूसरों' में उसके अपने माता-पिता और सगे-संबंधी भी आते थे।

सेठ ने जो नौकर-चाकर अपने परिवार की सेवा के लिए, उनकी सुविधा के लिए रखे थे, उनमें पुरुष सेवक भी थे। सेठ-पुत्री की सेवा में एक पुरुष सेवक ही नियुक्त था। या इसे इस तरह समझें कि उसने अपने लिए एक युवा नौकर को चुना था, जो शारीरिक श्रम करने के कारण असाधारण हृष्ट-पुष्ट, मजबूत और बलवान तो था ही, देखने-भालने में भी बहुत अच्छा था।

निरंतर संपर्क में रहने और किसी भी प्रकार का कोई नियंत्रण या प्रतिबंध

न होने के कारण वही हुआ, जो ऐसी स्थितियों में होता है। गठीली पुरुष देह का स्पर्श मिला तो सेठ-पुत्री फिर स्वयं को सँभाल नहीं पाई। उसने अपने आपको सँभालने की कोशिश ही नहीं की। उसकी आवश्यकता ही नहीं समझी। सबकुछ तो उसके अनुकूल था। पिता को धनार्जन से अवकाश नहीं था। कई-कई दिन उनके दर्शन ही नहीं होते थे। घर भी बहुत बड़ा था। उसमें एकांत स्थान और अवसरों की भी कमी नहीं थी।

सार यह कि सेठ-पुत्री अपने समवयस्क नौजवान नौकर के वासना-पाश में फँस गई। उसने इसे प्रेम का प्रसाद मानकर श्रद्धापूर्वक स्वीकार किया। उसे प्रेम की परंपरा का ज्ञान था, जिसकी व्याख्या उसने अपने तरीके से कर रखी थी। वह मानती थी कि सच्चा प्रेम ऐसे ही होता है। वह कोई ऊँच-नीच नहीं देखता। वह सायास नहीं होता। जिसे हृदय अर्पित कर दिया, सो कर दिया। अब चाहे कोई कुछ भी कहता रहे, कोई कुछ भी करता रहे। वैसे भी स्थितियाँ उसके अनुकूल थीं, तभी तो अपने इस संबंध को गोपनीय बनाए रखने में वह पूर्ण सफल हुई थी। किसी को कानोकान खबर न हुई जब बाँध टूट जाता है तो जलधारा के वेग को रोकना असंभव होता है और यहाँ तो कोई बाँध ही नहीं था। सबकुछ निर्बंध था।

जब पिता ने विवाह की बात उस तक पहुँचाई तो उसने कन्यासुलभ लाज-शील की ओट लेकर बात को टाल दिया था, किंतु यह कुछ ही समय चल सकता था। वह सदा के लिए तो विवाह से मना कर नहीं सकती थी। पिता भी उसे मानने वाले नहीं थे। उसने सोच लिया कि पिता की ओर से अगला निर्देश आने से पहले ही वह कुछ-न-कुछ कर लेगी। कोई-न-कोई निर्णय तो उसे लेना ही होगा।

और सेठ-पुत्री ने आनन-फानन में बिना आगा-पीछा विचारे वह निर्णय कर लिया, जो तत्काल तो उसके लिए सुखद था, किंतु जिसने उसकी जीवनधारा ही मोड़ दी।

सेठ-पुत्री ने अपने नौकर प्रेमी को अपने पिता के संदेश के विषय में बताया। उसने अपने प्रेमी को बाध्य किया कि वह इस बारे में तत्काल

विचार-विमर्श करे और तुरंत कोई निर्णायक कदम उठाएँ। प्रेमी क्योंकि प्रेमी होने से पहले एक नौकर ही था, इसलिए वह हतप्रभ हो गया। मालिक के विरुद्ध जाने और उन्हें अप्रसन्न करने का उसमें साहस नहीं था। वह भयभीत हो गया।

पहल सेठ-पुत्री ने ही की। उसने प्रेमी से इस विषय पर सोचने के लिए कहा। प्रेमी का यह विचार था कि वह इस मामले को लेकर सेठ का सामना कर ही नहीं सकता था। यह उसके लिए असंभव था, फिर सेठ एक नौकर को अपना दामाद कैसे स्वीकार कर सकता था!

प्रेमी के इस ढुलमुल रुख ने सेठ-पुत्री को परेशान कर दिया। वह तो न जाने क्या-क्या सोचे बैठी थी। यह कायर तो उसे कहीं का न छोड़ेगा। अंततः वह एक निष्कर्ष पर पहुँची।

इस बार सेठ-पुत्री ने सोच लिया कि यदि अब उसके प्रेमी ने कोई आनाकानी की तो वह उसे सदा के लिए त्याग देगी। इस तरह उसने अंतिम बार अपने प्रेमी के समक्ष एक प्रस्ताव रखा। उसने कहा कि इन स्थितियों में उनके पास एक ही विकल्प बचता है कि हम दोनों भाग चलें और अपना एक अलग संसार बसाएँ।

प्रेमी ने बहुत डरते-डरते सेठ-पुत्री का प्रस्ताव माना। उसके पैर फिर भी काँप रहे थे, तथापि अंत में यही तय हुआ कि दोनों यथाशीघ्र वह घर, वह नगर छोड़ देंगे और पति-पत्नी के रूप में अन्यत्र अपने नए जीवन की शुरुआत करेंगे। अब यह अंतिम निर्णय था। इससे पीछे हटने का प्रश्न ही नहीं था। दोनों मन बना चुके थे। दोनों भविष्य के लिए तैयार थे। अब दोनों का गंतव्य एक था। दोनों का मंतव्य एक था।

इस तरह सेठ-पुत्री और उसका प्रेमी नई उमंगें और नए सपने लिये घर से भाग गए। जब वे घर से निकल चुके, तभी सेठ ने घर में प्रवेश किया। आज वह संकल्प करके आया था कि अब वह अपनी पुत्री के हठ को नहीं मानेगा। उसे समझाएगा। विवाह तो होना ही है। अवश्यंभावी है। अनिवार्य है। कन्या का असली घर उसकी ससुराल होती है। आज नहीं तो कल, उसे

विवाह-बंधन में बँधना ही है, तो आज क्यों नहीं?

यह सब सोचते हुए सेठ घर पहुँचा तो वहाँ एक अलग दृश्य उसकी प्रतीक्षा में था। उसे जब यह पता चला कि उसकी पुत्री घर में नहीं है और साथ में उसका निजी सेवक भी गायब है, तो पूरी तसवीर उसके आगे स्पष्ट हो गई। एक पुत्री के भाग जाने पर किसी पिता की क्या हालत होती है, सेठ पर क्या बीती होगी, इसकी हम सहज कल्पना कर सकते हैं—इसका हम सहज अनुमान लगा सकते हैं।

अभी तो हम लौटते हैं अपने मुख्य कथानक पर। अपनी कथा-नायिका पर।

सेठ-पुत्री अपने दुस्साहसिक उत्साह की ऊर्जा से भरी तेज-तेज डग भरती आगे बढ़ी जा रही थी। उसकी उमंग उसके प्रेमी को भी साथ-साथ घसीट रही थी। उन्होंने घर से दूर एक अपरिचित बस्ती में अपना ठिकाना बनाया। वहाँ वे विधिवत् एक-दूसरे के हो गए। पिता के घर से जो पूँजी वह लेकर आई थी, उससे उन्होंने अपने गृहस्थ जीवन की शुरुआत की।

जैसे-जैसे उनकी पूँजी समाप्त होती गई, उनके प्रेम का नशा भी उतरता गया। जीवन की कठोर, कटु वास्तविकताओं से सामना हुआ तो पश्चात्ताप का भाव भी उमड़ने लगा, किंतु अब पछताने से क्या हो सकता था!

इस बीच सेठ-पुत्री गर्भवती हो गई। अब न तो उनके पास साधन थे और न ही संसाधन। वह यह सोच-सोचकर घबराने लगी, आशंकित होने लगी कि कैसे होगा। हारकर उसने अपने पति को सुझाव दिया कि उन्हें अपने मायके लौट चलना चाहिए। वैसे भी, पहली प्रसूति स्त्री के मायके में होने की रीत है। उनके पास कुछ भी तो नहीं था, किंतु पति ने उसकी बात पर ध्यान नहीं दिया।

सच पूछा जाए तो वह आज भी भयभीत था। उसमें साहस नहीं था सेठ के सामने जाने का। था तो वह नौकर ही न! वह दामाद कैसे हो सकता था! सेठ से आँख मिलाने का साहस ही नहीं था उसमें, फिर मन के किसी कोने में यह भाव भी था कि उसने अपने मालिक से विश्वासघात किया है।

सेठ–पुत्री ने अपना प्रयास नहीं छोड़ा। तर्क–कुतर्क का सहारा लेकर उसने अपने पूर्व नौकर और वर्तमान पति को लाख समझाया कि उसके मायके लौट जाने में ही उनकी भलाई है कुछ नहीं तो प्रसव के बाद अपने इस नए संसार में वापस आ सकते हैं, किंतु वह अपने पति को आश्वस्त नहीं कर पाई—सहमत नहीं कर पाई—समझा नहीं पाई।

इधर उसके पेट का घेरा स्वाभाविक तौर पर बढ़ता जा रहा था और उसके साथ उसकी चिंताएँ भी बढ़ती जा रही थीं। जब प्रसव–काल बिलकुल निकट आ गया और पति किसी तरह भी उसे ले जाने या भेजने को तैयार नहीं हुआ तो उसने एक दृढ़ निर्णय लिया। जब पति घर से बाहर गया हुआ था तो वह अकेली ही श्रावस्ती जाने के लिए निकल पड़ी।

पति ने लौटने पर जब उसे वहाँ नहीं देखा तो उसे यह समझने में देर न लगी कि उसकी पूर्व मालकिन और वर्तमान पत्नी अपने मायके के लिए निकल गई है। वह उलटे पाँव श्रावस्ती जाने वाले मार्ग पर चल पड़ा।

जैसी कि उसे आशा थी, उसकी पत्नी उसे बीच राह में मिल गई। वह रास्ता जंगल से होकर जाता था। उसने अपनी पत्नी को बहुत समझाया। ऊँच–नीच बताई। बहुत देर तक दोनों में नोक–झोंक होती रही। कोई भी अपनी बात से डिगने को तैयार नहीं था।

तभी सेठ–पुत्री को असह्य प्रसव पीड़ा होने लगी। वे जंगल में वृक्षों की ओट हो गए। वहीं उसने एक पुत्र को जन्म दिया। उलाहने समाप्त हुए। अब विवाद की कोई गुंजाइश नहीं थी। उसका कोई कारण नहीं था। वे दोनों अपने घर लौट आए। अब उनका अधिक ध्यान अपने पुत्र की परवरिश पर ही रहने लगा।

गृहस्थी की गाड़ी खींचने में उन्हें और भी कठिनाई होने लगी। आकर्षण टूटने लगा। धैर्य छूटने लगा। ऐसा करते–करते दो वर्ष और व्यतीत हो गए। इस बीच सेठ–पुत्री फिर से गर्भवती हो गई।

इस बार भी उसने अपने पति को समझाने–बुझाने की, मनाने की खूब कोशिश की। इस बार भी पति ने कुछ–न–कुछ बहाने बनाकर उसे टरका

दिया। वही पुराना अनुभव दोहराया गया। पति ने उसकी बात न मानी। प्रसव का दिन निकट आ गया। एक बार फिर पति की अनुपस्थिति में वह अपने मायके जाने के लिए घर से निकल पड़ी। अंतर था तो बस यह कि इस बार वह अकेली नहीं थी। उसके साथ उसका लगभग दो वर्षीय पुत्र भी था।

इस बार भी उसे घर में न पाकर उसके पति ने समझ लिया कि वह कहाँ गई होगी। पहले की ही तरह वह उलटे पाँव लौट पड़ा और श्रावस्ती जाने वाले मार्ग पर चल दिया। इस बार भी उसने अपनी पत्नी को जंगल में जा पकड़ा। इस बार भी उसने उसे मनाया और इस बार भी वह नहीं मानी।

गर्भ परिपक्व था। सेठ-पुत्री को प्रसव वेदना होने लगी। उसकी पीड़ा देख पति से न रहा गया। मौसम भी क्रूर हो चला था। झंझावात और झमाझम वर्षा ने तन-मन को झकझोरकर रख दिया। उसने अपनी पत्नी को सांत्वना दी और कहा कि वह उसके लिए एक आश्रय बना देगा। वह उस उद्देश्य से कुछ टहनियाँ काटने के अभिप्राय से जंगल के और भी अंदर चला गया।

सेठ पुत्री ने अपने पति की बहुत राह देखी। बहुत देर प्रतीक्षा करने के बाद भी जब वह नहीं लौटा तो वह निराश हो गई और भयभीत भी। सुनसान जगह। भयंकर मौसम। अकेली वह क्या करेगी?

इसी हालत में उसकी पीड़ा और भी असहनीय हो गई। उसने वहीं उसी हालत, उसी मौसम में अपने दूसरे पुत्र को जन्म दिया। जैसे-तैसे गर्भनाल को अलग कर वह अपने पति की तलाश में चल दी। दोनों बच्चों को उसने जैसे-तैसे सँभाला।

भीषण वर्षा और कड़कती बिजली के अत्याचार को झेलती वह जंगल में उस स्थान पर आई, जहाँ एक वज्रपात उसकी प्रतीक्षा में था। उसने जो दृश्य देखा, वह दर्दनाक था। बिजली की चमकार में उसने देखा कि उसका पति भूमि पर झाड़ियों के बीच अचेत पड़ा था। उसने झुककर ध्यान से देखा। उसके शरीर पर सर्प दंश के निशान थे। वह इस संसार से कूच कर चुका था। यह नितांत अप्रत्याशित था। इससे अधिक उसके साथ और क्या हो सकता था!

उसने अपने बच्चों की ओर देखा तो उसमें साहस का संचार हुआ। अब इनके लिए ही तो जीना होगा उसे। उसने अपने मन को मजबूत किया और मजबूत कदमों से श्रावस्ती यानी अपने मायके की ओर चल पड़ी। दोनों बच्चों को उसने अपने वस्त्रों की ओट में कर लिया। न उसने झंझावात की चिंता की और न ही गरजती बिजली और तड़ातड़ गिरती बारिश की।

शारीरिक अशक्तता की ओर से आँखें मूँद केवल मनोबल के सहारे ही उसने आगे की यात्रा का संकल्प किया। कुछ दूर चलने पर आगे अचिरावती नदी आई। इसे पार करके ही वह श्रावस्ती पहुँच सकती थी।

यह कोई आसान काम नहीं था। भीषण वर्षा के कारण नदी उफन रही थी। उसका बहाव भी बहुत तेज था। दो-दो बच्चों को लेकर पार जाना असंभव ही था। उसने तय किया, वह दोनों बच्चों को एक साथ न ले जाकर एक-एक कर उस पार ले जाएगी।

यह सोच उसने बड़े लड़के को इसी तट पर बैठाकर छोड़ा और छोटे बेटे को लेकर नदी में उतर गई। उद्दाम लहरों से जूझती वह जैसे-तैसे करके उस पार पहुँच गई। उसने छोटे लड़के को उस पार लिटा दिया और फिर बड़े बेटे को लेने वापस उफनती धारा में उतर गई। अभी वह बीच धारा में पहुँची ही थी कि उसने देखा, एक बाज छोटे बेटे को, उस नन्हे शिशु को, मांस का लोथड़ा समझकर उठा ले जाने के लिए उस पर झपट रहा था। वह स्तब्ध रह गई। बाज को भगाने के लिए उसने मुँह से आवाज निकाली ताली बजाई, किंतु व्यर्थ।

बाज उसके नवजात शिशु को लेकर उड़ गया। उधर बड़े बेटे ने माँ को ताली बजाते और इशारा करते देखा तो उसने समझा, वह उसे बुला रही है। वह माँ की ओर बढ़ा और तेज धारा उसे बहाकर ले गई।

काल के एक ही प्रहार ने सेठ-पुत्री से उसका पति और उसके दोनों पुत्र छीन लिये। अब अपना कहने को मायके में उसके पिता, माँ, और भाई के अलावा और कौन था! अब तो उसे वहाँ जाना ही होगा। वहीं उसे कुछ आसरा मिल सकता था। वह अचिरावती नदी को पार कर श्रावस्ती की दिशा में बढ़ गई।

बहुत असामान्य जीवट दिखाया उसने। इतनी घोर त्रासदी में भी उसने हिम्मत से काम लिया। नदी के श्रावस्ती की ओर वाले तट पर आकर उसने एक लंबी साँस ली और जैसे अतीत को वहीं झटक दिया। अब वह एक नई आशा का दामन थाम अपने पिता की विशाल अट्टालिका की ओर सधे कदमों से बढ़ चली।

अभी वह नगर में प्रवेश कर भी न पाई थी कि उसे वह समाचार मिला, जिसने उसके पाँवों के नीचे से धरती ही खिसका दी। जिस झंझावात और वृष्टिपात ने उस पर इतना आघात किया था, इतना कहर ढाया था, उसी ने उसका रहा-सहा आलंब भी ढहा दिया था। किसी व्यक्ति ने उसे बताया कि इस बारिश में उसके पिता की अट्टालिका ढह गई और उसके समेत उसके परिवार के सभी लोग भी मारे गए। उस व्यक्ति ने दूर जलती चिताओं की ओर इशारा कर अपने कथन की पुष्टि भी की।

अब तो वह अपने आपको सँभाल नहीं पाई। मन व्यथित हो गया। कुंठित हो गई वह। उसका मानसिक संतुलन बिगड़ गया। समाचित्त रहने का उसका कोई प्रयास सफल नहीं हुआ। वह विक्षिप्तता की स्थिति में पहुँच गई। पागलों जैसी हरकतें करने लगी।

जैसा कि इन स्थितियों में होता है, उसके आसपास वांछनीय-अवांछनीय सभी प्रकार के लोग एकत्र हो गए। बच्चे, जवान, बूढ़े, क्या स्त्री क्या पुरुष—सभी उसके इर्द-गिर्द मँडराने लगे। कोई उससे सहानुभूति भी जताता, किंतु अधिकांश उसका उपहास करते, उसे छेड़ते, उसके साथ खींचतान कर देते।

वह नादान इसी अवस्था में दौड़ी-दौड़ी फिरती। उसे अपनी कोई सुध नहीं रह गई थी। उसके वस्त्र भी अस्त-व्यस्त हो गए थे। एक प्रकार से वह नग्न ही थी।

इसी हालत में वह वहाँ जा पहुँची, जहाँ तथागत भगवान् बुद्ध उपदेश दे रहे थे। उपस्थित व्यक्तियों ने उसे रोकना भी चाहा, किंतु तथागत का संकेत देख उन्होंने ऐसा नहीं किया। वहाँ उपस्थित एक भिक्खु ने उसकी नग्नता को ढकने के लिए उस पर वस्त्र (पट) डाल दिया।

इस प्रकार वह पटाचारा के नाम से विख्यात हो गई। पटाचारा नियति की सताई हुई थी ही, अब उसके सभी सांसारिक मोह नष्ट हो चुके थे। तथागत के उपदेशों को पूर्ण रूप से आत्मसात् करके उसने कुछ ही समय में अपने लिए अत्यंत सम्मानजनक और प्रतिष्ठापूर्ण स्थान बना लिया। धम्म में उसने अत्यंत उच्च पद प्राप्त किया।

□

७

# अहिंसा की वापसी

कोसल नरेश प्रसेनजित् का राज-पुरोहित भग्गव नाम का एक ब्राह्मण था। भग्गव के पुत्र का नाम अहिंसक था। उसका यह नाम क्यों रखा गया, इस संबंध में एक अत्यंत रोचक किंवदंती है।

भग्गव की पत्नी ने जब गर्भ धारण किया तो जैसा कि स्वाभाविक था, भग्गव और उसकी पत्नी दोनों ही बहुत आनंदित हुए। वे माता-पिता की भूमिका निभाने की तैयारी में जुट गए। आने वाले मेहमान का स्वागत कैसे करेंगे? अब अवकाश का एक-एक क्षण इसी प्रश्न के इर्द-गिर्द व्यतीत होता।

वे अपनी इस संतान को लेकर तरह-तरह के सपने देखते और उन्हें एक-दूसरे को बताकर हँसते, प्रफुल्लित होते, किंतु सभी सपने सुखद ही थे, ऐसा भी नहीं था। कुछ सपनों को लेकर तो उनके मन में दुश्चिंता भी होने लगी। अतः पुरोहित ने स्वप्न विचारकों का मत जान लेना उचित समझा।

भग्गव को जो कुछ ज्ञानियों ने बताया, उसके अनुसार इस बच्चे के जन्म के समय राज्य में हिंसा के आसार थे। ब्राह्मण परिवार पर भी भारी विपत्ति आएगी, ऐसी भविष्यवाणी की गई। यह सुनकर पुरोहित और उसकी पत्नी को चिंता हो गई। वे घोर निराशा में डूब गए।

जैसे-जैसे प्रसवकाल निकट आता गया, उनकी चिंता बढ़ती गई। एक-दूसरे को ढाढ़स बँधाते उनके दिन कटने लगे। उन्होंने सपनों पर ध्यान देना बंद कर दिया। क्यों व्यर्थ का संताप बढ़ाया जाए, उन्होंने सोच लिया था।

अंततः वह दिन भी आ गया। ब्राह्मण-पत्नी ने एक अत्यंत स्वस्थ-सुंदर बालक को जन्म दिया। सारी आशंकाएँ मिथ्या साबित हुईं। कहीं कोई विनाश नहीं हुआ। कोई हिंसा नहीं हुई। कई दिन अहिंसक वातावरण में निकल गए। इस प्रकार बालक का नाम रख दिया गया अहिंसक।

अहिंसक मेधावी और कुशल बालक निकला। राज-पुरोहित ने उसे औपचारिक शिक्षा के लिए एक प्रतिष्ठित आचार्य के पास तक्षशिला भेज दिया। अहिंसक अपने आचार्य के चरणों में पूरे सेवा भाव से, आदर भाव से, समर्पण भाव से शिक्षा ग्रहण करने लगा।

अहिंसक की बुद्धिमानी और बालसुलभ अबोधता ने आचार्य का मन मोह लिया। अहिंसक उनका प्रिय शिष्य बन गया। वे उस पर अधिक-से-अधिक ध्यान देते। उसे अधिक-से-अधिक सिखाने का प्रयास करते। अध्ययन में उसकी असाधारण रुचि और कुशाग्र मेधा से वे प्रसन्न रहते, किंतु यही बातें उसके सहपाठियों की खिन्नता का कारण बन गईं। अहिंसक उन्हें खटकने लगा।

सहपाठी चाहते थे कि अहिंसक किसी प्रकार आचार्य की नजरों से गिरे। आचार्य उसे दुत्कारें। उन्होंने इस ओर कई प्रयास भी किए, किंतु उन्हें सफलता नहीं मिली। अहिंसक ने तो जैसे आचार्य पर जादू कर दिया था। वे उसके विरुद्ध कोई बात सुनने को तैयार नहीं थे। अहिंसक एक अच्छा, सुशील बालक है, इसके अतिरिक्त वह कुछ हो ही नहीं सकता—यह सोचना और कहना था आचार्य का।

फिर घटना-चक्र ऐसा घूमा कि सहपाठियों के चाहने और प्रयास करने से जो काम नहीं हो पाया था, वह अपने आप हो गया। सहपाठियों को उसमें कुछ करना ही नहीं पड़ा।

आचार्य वयोवृद्ध, दुर्बल और अशक्त थे। वहीं उनकी पत्नी अल्हड़ नवयौवना थी। वह अत्यंत रूपवती भी थी। स्पष्ट था, आचार्य के साथ उसका कोई मेल नहीं बैठता था। उसका तन-मन अभी संतुष्टि की, तृप्ति की प्रतीक्षा में था। अहिंसक ने उसे प्रारंभ से ही आकृष्ट किया था। अहिंसक

को देखते ही उसका हृदय प्रफुल्लित हो उठा था। वह मन-ही-मन उसे अपने मोह-पाश में बाँधने को उद्यत हो गई थी। उसके पक्ष में एक बात यह भी थी कि आचार्य अहिंसक पर आँख मूँदकर विश्वास करते थे। उस पर किसी प्रकार का संदेह वे कभी नहीं कर सकते थे। उसका तो प्रश्न ही नहीं उठता था। सवाल था तो बस उपयुक्त अवसर का।

और एक दिन वह अवसर आ ही गया। आचार्य को किसी आवश्यक कार्यवश बाहर जाना पड़ा। उन्होंने जाते समय अपने गुरुकुल और अपने घर का दायित्व-भार अहिंसक पर डाल दिया। वे उस पर विश्वास तो करते ही थे। वह था भी इस योग्य।

''अहिंसक, मेरी अनुपस्थिति में तुम्हें ही सब देखना है, सँभालना है।'' कहकर आचार्य चले गए।

आचार्य का जाना—उनकी नवयौवना पत्नी की मनोकामना पूर्ण होने का बहाना उपस्थित होना था। जब वह आश्वस्त हो गई कि उसका अक्षम पति काफी दूर निकल चुका है और सारे शिष्य भी अपने-अपने स्थान पर विश्राम हेतु जा चुके हैं, तो उसने अपने मन पर से लोक-लाज के कृत्रिम और झीने आवरण को उतार फेंका। उसने इस दुर्लभ अवसर के लिए स्वयं को सराहा, बधाई दी और उसका भरपूर सदुपयोग करने की युक्ति पर विचार करने लगी। उसके जीवन की, उसके यौवन की साध अब बस पूरी हो जाएगी—यह सोचकर वह अत्यंत आह्लादित थी। उसके शरीर का रोम-रोम लालसा के ज्वार में काँप रहा था। शृंगार करते उसके हाथ मचल रहे थे।

सोलह शृंगार करके उसने दर्पण में अपनी छवि देखी तो स्वयं पर रीझकर रह गई। 'अब तो कोई देवाधिदेव भी मेरे रूप-पाश में बँधे बिना नहीं रह सकता।' उसने मन-ही-मन कहा और अपने कुटिल षड्यंत्र के लिए तत्पर हो गई। उसने अहिंसक को बुलाया और उसे गुरु-वचन का स्मरण कराया।

''क्या कहा था आचार्य ने तुमसे विदा लेते समय?'' उसने अहिंसक से कहा।

"यही गुरु माँ कि उनकी अनुपस्थिति में गुरुकुल का और आपका ध्यान रखूँ।"

"सही कहा तुमने। तो क्या तुमने उनके आदेश का सम्मान किया?"

"जी, गुरु माँ मैं तो पूरा प्रयास कर रहा हूँ। कुछ चूक हुई क्या मुझसे? कोई कष्ट है, गुरु माँ?"

"चूक तो बहुत कर रहे हो तुम और रही मेरी व्यथा तो, उसकी क्या चिंता है तुम्हें?"

"ऐसा न कहें, गुरु माँ! आदेश करें।"

"यह हुई न बात। अच्छे शिष्य ऐसे ही होते हैं, और पहले यह गुरु माँ–गुरु माँ की रट बंद करो तो आगे मैं आदेश करूँ।"

"किंतु माँ को मैं माँ न कहूँ तो क्या कहूँ? आप तो मेरी माँ तुल्य ही हैं।"

"माँ तुल्य ही सही, माँ तो नहीं हूँ न! तनिक मुझे ध्यान से देखो। मेरी देह पर दृष्टि डालो। मेरी यौवनावस्था पर ध्यान दो। क्या तुम्हें इसमें तुम्हारी माँ दिखाई देती है? क्या इतनी अल्प वय की हो सकती है तुम्हारी माँ? देखो...देखो!" और उसने अपनी देह को उघाड़ दिया। उसकी चेष्टाओं में लालसा का भोंडा प्रदर्शन था।

यह क्या? अहिंसक तो अवाक् रह गया। "यह क्या कह रही हैं, गुरु माँ! यह क्या कर रही हैं, गुरु माँ?"

अहिंसक गुरु माँ की इस निर्लज्जता के समक्ष स्वयं लज्जित हो गया। उसकी समझ में कुछ नहीं आ रहा था। गुरु माँ के मन में ये भाव आए कैसे? उन्होंने उसमें ऐसा क्या देखा? क्या कभी अज्ञानता में उसने ऐसा कुछ कह या कर तो नहीं दिया, जिससे गुरु माँ को कुछ भ्रांति हो गई हो? क्या हुआ था? वह अपने आपको ही कोसने लगा। उसे तो यह चिंता भी हो गई कि यदि आचार्य को इसकी भनक लग गई तो वह क्या करेगा? क्या स्पष्टीकरण देगा? गुरु का पद तो एक अर्थ में त्रिलोक में महानतम् है।

उसने गुरु माँ के कसते बाहुपाश से जैसे-तैसे स्वयं को छुड़ाया और

वहाँ से भाग खड़ा हुआ। आचार्य की नवयौवना पत्नी की हालत उस समय उस भूखी-शेरनी सी हो रही थी, जिसका शिकार उसके जबड़ों तक आकर फिसल गया था। उसने अहिंसक का भविष्य नष्ट कर देने की ठान ली। वह उससे घृणा करने लगी। उसका सबसे बड़ा शत्रु हो गया अहिंसक।

अहिंसक की लज्जा ने उसे एकांत में समेट दिया। वह गुरु माँ से दूर-दूर रहने लगा। उसे प्रायश्चित्त की कोई राह नहीं सूझ रही थी। क्या करे वह? वह तो विद्याध्ययन के लिए आया था। क्या विद्या, क्या कौशल, क्या ज्ञान लेकर जाएगा यहाँ से। उसे अपना भविष्य अंधकार में डूबता दिखाई देने लगा। माता-पिता को क्या बताएगा वह? कैसे साकार करेगा उनके सपनों को, उनकी महत्त्वाकांक्षाओं को? इस समय तो उसे सबसे अधिक चिंता इस बात की थी कि आचार्य के लौटने पर उन्हें क्या बताएगा कि उनके पीछे उसने क्या किया। क्या सबकुछ ठीक-ठाक रहा? कहीं कोई समस्या तो नहीं आई? कहीं गुरु माँ तो कुछ नहीं कह देंगी? क्या वह शक्ल-सूरत से बिगड़ा हुआ दिखाई देता है? क्या वह आचरण से दुष्चरित्र लगता है? गुरु माँ ने उसके विषय में यह भावना, यह धारणा कैसे बनाई? अहिंसक आत्म-लांछन से त्रस्त हुआ जा रहा था।

आचार्य लौटकर आए तो जैसा कि स्वाभाविक था, उन्होंने सारा हाल पूछा। अहिंसक की भाव-भंगिमा, उसके व्यवहार में उन्हें कुछ असामान्य लगा। उन्होंने इस विषय में अहिंसक को टोकना चाहा, किंतु पहले वह यात्रा की थकान से मुक्त होने के लिए थोड़ा विश्राम कर लेना चाहते थे। वे अपनी कुटीर में गए। पत्नी ने अत्यंत तत्परता से उनका स्वागत-सत्कार किया। उनकी यात्रा के विषय में पूछा। कोई कठिनाई तो नहीं हुई? यात्रा कैसी रही? जिस कार्य से गए थे, वह हो गया?

आचार्य ने 'सबकुछ ठीक रहा' कहकर पत्नी को उत्तर दिया और मन-ही-मन उसकी आत्मीयता की सराहना की, किंतु कुछ था जो उन्हें खटक रहा था। पत्नी के सुर में उन्हें कुछ असामान्य लगा। उनसे रहा न गया। उन्होंने पूछ ही लिया—

"और यहाँ? यहाँ तो सब ठीक रहा न? कोई समस्या तो नहीं हुई न? वैसे अहिंसक तो था ही। समझदार बालक है। उसने सब सँभाल ही लिया होगा। क्यों?"

"क्यों नहीं!" आचार्य पत्नी की बात में व्यंग्य था, "कुछ अधिक ही अच्छी तरह से सँभालना चाह रहा था वह, विशेषकर मुझे। आपकी धर्मपत्नी को।"

"तुम क्या कहना चाहती हो? स्पष्ट कहो।"

और युवा पत्नी ने नकली आँसू बहाते हुए अहिंसक वाले प्रसंग का अपना संस्करण बखान कर दिया।

"अहिंसक बस देखने में ही भोला है। मन बहुत मैला है उसका। आपके जाने के उपरांत उसने मेरे साथ जबरदस्ती करने की कोशिश की। मैंने बहुत यत्न करके अपने आपको छुड़ाया। नहीं तो, पता नहीं क्या हो जाता। आपके अयश के भय से मैंने शोर नहीं मचाया। शिष्यों को नहीं बुलाया। इसी में मेरे वस्त्र भी फट गए।" उसने अपने वस्त्र भी प्रमाणस्वरूप दिखा दिए।

वस्त्र वास्तव में फट गए थे, किंतु ये तब फटे थे, जब अहिंसक ने अपने आपको उसके आलिंगन से मुक्त करने के लिए जोर लगाया था। आचार्य की आँखों पर, उनके मन पर तो मोह का, पत्नी मोह का आवरण पड़ा था। उन्हें और कुछ कहाँ दिखने वाला था, समझ में कहाँ आने वाला था!

पत्नी की बात सुनकर आचार्य विश्राम-आराम सब भूल गए। उन्हें अहिंसक के असामान्य हाव-भाव और आचरण का ध्यान हो आया। 'तो, यह बात थी!' उन्होंने सोचा और अहिंसक को उचित दंड देने पर विचार करने लगे।

क्या वे स्वयं अपने हाथों यह कार्य करें? नहीं, यह उन्हें शोभा नहीं देगा। वे शिक्षित थे। उससे भी बड़ी बात यह कि वे शिक्षक थे। अपने शिष्य को वह स्वयं दंड नहीं दे सकते थे। यह मर्यादा-विरुद्ध था, शील-विरुद्ध था। उन्होंने कोई युक्ति निकालने की कवायद शुरू कर दी।

अहिंसक को उन्होंने कुछ आभास नहीं होने दिया। सबकुछ सामान्य चलता रहा। कुछ दिन बीत गए। अहिंसक भी अब सहज हो चला कि गुरु माँ ने उसके विरुद्ध कुछ नहीं कहा था। उसकी शिकायत नहीं की थी, अन्यथा आचार्य उससे अवश्य कुछ-न-कुछ पूछते। कुछ-न-कुछ कहते, किंतु उन्होंने उससे ऐसा कुछ भी नहीं कहा, बल्कि उनके व्यवहार में भी कुछ असामान्य नहीं था। उसने राहत की साँस ली और भविष्य में सतर्क रहने का संकल्प किया।

तब एक दिन, जब अहिंसक उस प्रसंग को एक दुःस्वप्न मानकर भूल चुका था और अत्यंत मनोयोग से आचार्य से शिक्षा और कौशल ग्रहण करने में फिर से जुट गया था, आचार्य ने उसे अपने पास बुलाया।

"अहिंसक, तुमने बहुत कुछ सीख लिया है। अब समय है कि तुम उचित दक्षिणा का प्रबंध करो।" आचार्य ने अहिंसक से कहा।

"आप जितनी और जैसी भी दक्षिणा के लिए आदेश देंगे, आचार्यवर! मैं आपके चरणों में प्रस्तुत कर दूँगा।" अहिंसक ने निश्छल-विनम्र भाव से कहा।

"तो फिर, सुनो! मेरी दक्षिणा है कि तुम एक सौ व्यक्तियों का संहार करोगे। यही मेरी दक्षिणा है और मेरा यह आदेश अटल है। इसमें कोई परिवर्तन, कोई रियायत नहीं होगी। यह गुरु का वचन है। इसका पालन अनिवार्य है।" आचार्य ने अपने असली मनोभावों का दमन करते हुए सपाट स्वर में यह सब कह डाला।

अहिंसक तो हतप्रभ रह गया। उसका सदा खिला रहनेवाला मुखारविंद एकबारगी तो मुरझा गया, किंतु अगले ही क्षण उसने अपने आपको संयत कर लिया। उसने इसे गुरु का सहज आदेश मानकर सिर-माथे लगाया। वह इसके पीछे आचार्य की उस मंशा को नहीं समझ पाया कि एक सौ (कुछ स्रोत इसे 'एक हजार' कहते हैं) व्यक्तियों का संहार करने के क्रम में कोई तो अहिंसक को सवा सेर मिलेगा। किसी-न-किसी के हाथों तो मारा ही जाएगा अहिंसक।

जो भी हो, किंतु ऐसा कुछ नहीं हुआ। यद्यपि अहिंसक के लिए हत्याकर्म उसकी प्रकृति के विरुद्ध था, उसकी मूल प्रकृति के विपरीत था, फिर भी गुरु की अवज्ञा उसकी दृष्टि में अधिक हेय थी। उसकी स्थिति विक्षिप्त सी हो गई। वह दक्षिणा जुटाने निकल पड़ा।

अहिंसक ने कोसल राज्य के जालिनी नामक जंगल को अपना ठिकाना बनाया। वहीं उसने गुरु-दक्षिणा के लिए असंख्य व्यक्तियों की हत्या की। संख्या की निश्चित गणना रहे, इस अभिप्राय से उसने मृतकों की उँगली काटनी शुरू कर दीं। ये उँगलियाँ खो न जाएँ, इसलिए बाद में उसने उन्हें अपने गले में माला की तरह डालना शुरू कर दिया। इस प्रकार अबोध अहिंसक बन गया—भयंकर हत्यारा दस्यु 'अंगुलिमाल'।

आसपास के इलाकों में आतंक का पर्याय बन गया अंगुलिमाल। लोग उसके नाम से ही थर्राने लगे। कोई उस ओर जाने का दुस्साहस नहीं कर पाता था, जहाँ अंगुलिमाल के विद्यमान होने की बात कही जाती थी। अकेले तो क्या, लोग टोली बनाकर भी अंगुलिमाल के सामने पड़ने से डरते थे। एक सौ या एक हजार के चक्कर में वह जाने कितनी ही हत्याएँ कर चुका था।

कहते हैं, जब उसे अपने अंतिम शिकार की तलाश थी, जब उसे अंतिम उँगली चाहिए थी, तभी उसका साक्षात्कार तथागत भगवान् बुद्ध से हो गया। वास्तव में तो तथागत निकले ही यह संकल्प करके थे कि लोगों को अंगुलिमाल से मुक्ति दिलाएँगे और उसके साथ ही अंगुलिमाल को भी इस पापकर्म से मुक्त करेंगे।

तथागत को राह में अनेक लोगों ने रोकना चाहा। वे अंगुलिमाल के आतंक के प्रत्यक्ष साक्षी थे, किंतु तथागत को पता था, वे क्या करने जा रहे हैं।

तथागत को देख अंगुलिमाल पहले तो प्रसन्न हो गया कि उसे अपना अंतिम शिकार भी मिल ही गया, किंतु फिर वह यह देखकर चकरा गया कि वेशभूषा से श्रमण जैसा दिखने वाला यह व्यक्ति इतने शांत भाव से, इतनी निर्भीकता से कैसे उसकी ओर बढ़ा चला आ रहा है।

अंगुलिमाल ने हिंसा के उद्देश्य से तथागत को रोकना चाहा, किंतु वे रुके नहीं। अपनी सामान्य गति से बढ़ते रहे। अंगुलिमाल उनके पीछे भागा भी। फिर भी वह उन्हें पकड़ नहीं पाया। वह चकरा गया।

''ठहरो, श्रमण! ठहर जाओ!''

''मैं तो ठहरा हुआ हूँ, आवुसं। तुम्हीं अस्थिर हो। तुम भी ठहर जाओ और रोक दो अपना यह पापकर्म।''

अंगुलिमाल विस्मित हो तथागत की ओर देखने लगा। उसकी समझ में कुछ नहीं आ रहा था। अद्‌भुत था यह श्रमण! अद्‌भुत थी उसकी उपस्थिति। वह जैसे जड़ हो गया।

''अच्छा! ऐसा करो। मुझे उस पेड़ से एक पत्ती तोड़कर दो।''

अंगुलिमाल ने तुरंत पत्ती तोड़ दी।

''अब इसे वापस उसी पेड़ पर लगा दो।''

''क्या?''

''हाँ, अब इसे वापस उसी पेड़ पर लगा दो।''

''यह कैसे संभव है, भंते! यह नहीं हो सकता। भला डाल से टूटी पत्ती वापस कैसे लगाई जा सकती है?''

''इसका यह अर्थ हुआ कि तुम जब पत्ती को वापस जोड़ नहीं सकते तो तुम्हें उसे तोड़ना भी नहीं चाहिए था। इसी प्रकार अंगुलिमाल, जब तुम किसी को जीवन दे नहीं सकते तो तुम्हें किसी का जीवन लेने का भी अधिकार नहीं है। सन्मार्ग पर चलो।''

अंगुलिमाल के भीतर सोया अहिंसक जाग गया। उसके प्रज्ञाचक्षु खुल गए। वह सबकुछ देखने लगा। सबकुछ जानने लगा। वह तथागत के चरणों में अवनत हो गया। उनसे दीक्षा प्राप्त कर वह भिक्खु संघ में सम्मिलित हो गया।

कल का हत्यारा अंगुलिमाल अब भिक्खु बन गया। यही तो था उसका असली रूप। उसकी असली पहचान!

□

८

# भद्रा की भूल

भोली-भाली भद्रा से भरी जवानी में ऐसी भयंकर भूल हुई कि उसका अच्छा-भला जीवन अभिशाप बन गया। फिर यह अभिशाप ही उसके लिए वरदान का हेतु बना। वह उस मार्ग पर आरूढ़ हुई, जो उच्चतम प्रज्ञा की ओर ले जाता है।

राजगृह में प्राचीन काल में एक सेठ रहता था। सारी सुख-सुविधाओं से संपन्न परिवार था उसका। उसकी एक पुत्री थी—नाम था भद्रा। यथा नाम तथा गुण के अनुसार उसमें शील, शालीनता कूट-कूटकर भरी थी। सुंदर तो वह थी ही। भद्रता ने उसके सौंदर्य को और निखार दिया था।

लाड़-प्यार में पली भद्रा ने सबकुछ भला-भला ही देखा था। किसी प्रकार का कोई अभाव नहीं था। जिसकी इच्छा करती, उसे तुरंत प्राप्त हो जाता। पिता उसकी कोई बात नहीं टालते थे। पुत्री के लिए अगाध स्नेह था उनमें।

भद्रा जिस वातावरण में पली थी, उसका प्रभाव उस पर स्पष्ट था। वह चपल-चंचल थी, नटखट थी। उसकी बालसुलभ चेष्टाएँ बरबस ही लुभाने वाली थीं।

भद्रा का शारीरिक विकास होने लगा। बाल्यावस्था को लाँघ वह किशोर वय में आ गई। कैशोर्य से निकल उसने यौवन में पदार्पण कर दिया, किंतु वह रही वही भोली-भाली, चंचल भद्रा ही। रूप उसका निखरता ही जा रहा था। पिता को अपने दायित्व का ज्ञान था। उसके प्रति उदासीन भी नहीं थे वे।

पुत्री के चढ़ते यौवन की अनदेखी न करते हुए सेठ पिता ने उसके विवाह की बात संबंधियों और हितैषियों के कान में डाल दी थी और इस ओर प्रारंभिक प्रयास होने भी लगे थे। इसकी भनक भद्रा को लगी तो उसका मन आह्लाद की उर्मियों पर हिलोरें लेने लगा था।

विवाह भद्रा के लिए अभी तक वही गुड्डे-गुड़िया वाला खेल था, जो वह अब तक खेलती आ रही थी। 'बड़ा आनंद आएगा'—वह सोचती। उसने अपने ही तरीके से इस विषय में धारणाएँ बनानी प्रारंभ कर दीं। वह अलबेले सपने देखने लगी।

भद्रा को वास्तव में विवाह की वास्तविकता का कोई ज्ञान नहीं था। विवाह क्या होता है? इसका क्या अभिप्राय होता है? विवाह क्यों करते हैं? इन प्रश्नों का कोई सही उत्तर उसके पास नहीं था। उसने इन पर कभी विचार भी नहीं किया था। कुल मिलाकर विवाह की गंभीरता से बिलकुल अनभिज्ञ थी भद्रा। उसके प्रति बिलकुल उदासीन थी वह। अबोध थी।

उन्हीं दिनों राजगृह में चोरी की घटनाएँ सहसा बढ़ गईं। सैन्य अधिकारियों की सतर्कता से एक चोर को पकड़ भी लिया गया। हैरानी की बात यह थी कि वह चोर कोई साधारण व्यक्ति नहीं था। वह राज्य के राज-पुरोहित का ही पुत्र था।

न्याय सबके लिए समान था। इससे कोई अंतर नहीं पड़ता था कि अपराधी कोई साधारण व्यक्ति है अथवा किसी विशिष्ट परिवार का सदस्य। फिर कभी कोई राज्य में चोरी आदि अपराध करके उसकी शांति भंग करने, असुरक्षा का वातावरण बनाने और लोगों में भय उत्पन्न करने का दुस्साहस न करे—इस विचार से अपराधी को कठोर-से-कठोर दंड देने का प्रस्ताव रखा गया। आदेश हुआ कि चोर को सार्वजनिक तौर पर मृत्युदंड दे दिया जाए।

राजा के अधिकारी उस चोर को मृत्युदंड देने के लिए उसे लेकर निकल पड़े। जहाँ से निकलते, उत्सुक लोगों की भीड़ लग जाती।

"अरे, यह तो राज-पुरोहित का पुत्र है! सुत्थक है यह!" भीड़ में से कोई चिल्लाता, फिर तो लोग एक-दूसरे को धकेलकर उसे देखने को आगे

बढ़ते, "हाँ, सुत्थक ही तो है! राजपुरोहित का पुत्र, और यह कुकर्म! घोर अनर्थ है!"

"देखो तो भला! देखने में कैसा भोला-भाला, सज्जन लगता है। कितना सुदर्शन भी है!" भीड़ में से कुछ ने कहा।

बिलकुल यही विचार भद्रा के भी थे, जो यह कौतुक देखने अपने घर में ही खड़ी हो गई थी। 'सच, कैसा बाँका जवान है!' उसने अपने मन में कहा, और अनायास ही उसके मन में इस युवक के लिए कुछ अलग ही भाव उभर आए। 'इससे विवाह कर ले, भद्रा,' उसने अपने आपसे कहा और इस भाव ने संकल्प का रूप ले लिया।

भद्रा भोली थी। अबोध भी थी। वह नहीं जानती थी कि वह क्या सोच रही है। जो वह सोच रही थी, उसका परिणाम क्या होगा, इससे बिलकुल बेखबर थी वह।

भद्रा को अपने संकल्प की भीषणता का भी कोई आभास नहीं था। उसने तो जो सोच लिया, सो सोच लिया। वह तो बस यह जानती थी कि उसकी कोई भी इच्छा खाली नहीं जा सकती। यदि उसने अपने पिता से कह दिया तो वह हर हाल में उसकी इच्छा को पूरा करेंगे। उसका यह विश्वास अटल था। यह सच भी था। सेठ अपनी पुत्री का हर कहना मानते थे।

भद्रा ने अपना मन बना लिया, किंतु सुत्थक को तो शीघ्र ही मृत्युदंड दे दिया जाएगा। उसके पास अधिक समय नहीं था। उसे तुरंत कुछ करना होगा। वह दौड़ी-दौड़ी अपने पिता के पास गई।

"पिताजी! आप मेरा विवाह करना चाहते हैं न?" उसने बेझिझक कह दिया।

"हाँ क्यों?" भद्रा के पिता इस औचक और असमय की पूछताछ से विस्मित रह गए।

"तो मेरा विवाह इस सुत्थक से कर दें।"

"सुत्थक से! कौन सुत्थक! किस सुत्थक की बात कर रही है मेरी लाड़ली?"

"वही सुत्थक, जिसे सैनिक मृत्युदंड देने के लिए ले जा रहे हैं।"

"वह चोर? उस चोर से विवाह करेगी तू? मैंने तो तेरे लिए अत्यंत योग्य वर देख रखा है। तू चाहती है तो मैं तुरंत विवाह का प्रबंध किए देता हूँ।"

"किंतु, पिताजी, सुत्थक में क्या कमी है? वह भी तो योग्य है। मेरे योग्य।"

"किंतु, वह चोर है, अपराधी है।"

"वह राज-पुरोहित का पुत्र है। कुलीन है।"

"किंतु उसके कर्म तो कुलीनों जैसे नहीं हैं। तू एक चोर से विवाह करेगी? लोग क्या कहेंगे? क्या प्रतिष्ठा रह जाएगी मेरी? नहीं-नहीं, ऐसा कैसे हो सकता है?"

"हो सकता है, पिताजी! कैसे नहीं हो सकता? आज तक आपने मुझे किसी भी बात के लिए मना नहीं किया। मेरी कोई इच्छा आपने खाली नहीं जाने दी। मेरी विनती है आपसे।"

"किंतु..."

"किंतु-विंतु कुछ नहीं। यदि आपने मेरी बात नहीं मानी तो मैं प्राण त्याग दूँगी।"

"नहीं बेटी, नहीं।" सेठ का पितृ हृदय विचलित हो गया।

जब पुत्री को समझाने के सारे प्रयास व्यर्थ गए तो सेठ ने हारकर कहा, "ठीक है, प्रयास करता हूँ।"

भद्रा के आनंद का ठिकाना न रहा। वह जानती थी कि पिता का प्रयास सफलता की सुनिश्चितता है। उसे पता था कि राज्य का प्रमुख श्रेष्ठी होने के नाते उसके पिता का राजकीय अधिकारियों पर अच्छा प्रभाव है। वे उनकी बात टाल नहीं सकते।

यही हुआ भी। सेठ के प्रभाव और पैसे ने अपना कमाल दिखाया। सेठ ने अधिकारियों को आश्वस्त किया कि वह सुत्थक को सुधार लेगा। भविष्य में सुत्थक ऐसा कोई अपराध नहीं करेगा। इसके लिए सेठ ने बहुत सारा धन भी अधिकारियों को दिया।

सुत्थक को छोड़ दिया गया।

"तुम्हें सेठजी के आश्वासन पर छोड़ा जा रहा है।" एक वरिष्ठ अधिकारी ने सुत्थक से कहा, "भविष्य में ऐसा कुछ मत करना कि हमें तुम्हें पकड़ना और दंडित करना पड़े।"

सुत्थक कुछ बोल ही नहीं पाया। वह तो यही सोचकर हैरान हो रहा था कि 'भला यह सेठ मुझे क्यों छुड़ा रहा है? इसका क्या हित है इसमें?'

उसके इस मौन प्रश्न का उत्तर सेठ के उन शब्दों में समाहित था, जो वे अब उसे संबोधित कर रहे थे—

"देखो वत्स! तुम्हारे पिता राज-पुरोहित हैं। सज्जन हैं। कुलीन हैं। मैं उन्हें अच्छी तरह से जानता हूँ। तुम्हें भी आर्य संस्कार मिले हैं। पता नहीं, किस कुसंग में पड़कर तुमने ऐसा कृत्य कर दिया। अभी देर नहीं हुई है। तुम्हारे सुधार के सारे मार्ग खुले हैं। तुम चाहो तो आज ही से अपने नए जीवन का शुभारंभ कर सकते हो। यह कुमार्ग छोड़कर सन्मार्ग पर आ जाओ, वत्स! मैं इसमें तुम्हारी हर संभव सहायता करूँगा।" सेठ ने कहा।

'सठिया गया है सेठ!' सुत्थक ने मन-ही-मन हँसते हुए अपने आप से कहा। किंतु प्रत्यक्ष में उसने यही कहा, "सेठजी, आपका बहुत-बहुत धन्यवाद। आपका आभार। मैं सुधरने का पूरा प्रयास करूँगा।"

"अति सुंदर," सेट ने कहा, "बल्कि मैं तो कहूँगा कि तुम अपना घर बसाओ। देखना, विवाह होते ही तुम्हारे अंदर अपने आप परिवर्तन आ जाएगा, दायित्व भाव आ जाएगा।"

"अब मुझे कौन अपनी कन्या देगा! अब क्यों कोई कन्या मुझसे विवाह करेगी? अब तो सब मेरे विषय में जान गए कि मैं चोर हूँ। कौन इस कलंक को अपने माथे पर लगाना चाहेगा?" सुत्थक ने रोनी सूरत बनाकर कहा।

"ऐसे निराश नहीं होते, वत्स!" सेठ ने कहा।

"प्रायश्चित्त तो पत्थर को भी सोना बना देता है। मैं कथनी और करनी में अंतर नहीं रखता। मेरी भी एक पुत्री है। मैं उससे तुम्हारा विवाह करवा सकता हूँ। मेरी पुत्री मेरी अवज्ञा नहीं करती। मैं उससे कहूँगा तो वह मना

नहीं करेगी। तुम चाहो तो···।''

''आप तो साक्षात् देवता हैं सेठजी, जो सबकुछ जानते-बूझते हुए भी इतनी बड़ी बात कर रहे हैं।'' सुत्थक ने यह कहते हुए सेठ के पाँव पकड़ लिये। वह नत-मस्तक हो गया। वह सेठजी की हवेली के आगे से निकलते समय सेठ की रूपवती सुकन्या को देख चुका था और तब उसके मन में यही विचार आया था कि यदि मैं चोर के रूप में न देख लिया जाता तो सेठ से इस रूपसी का हाथ माँग लेता। सेठ की अपार धन-संपदा से बड़ी और क्या सौगात हो सकती थी उसके लिए। सेठ कन्या का रूप व सेठ की संपत्ति और क्या चाह सकता है कोई?

सुत्थक अब सेठ के चेहरे पर आते-जाते भावों को पढ़ने का प्रयास कर रहा था। वह मन-ही-मन आनंदित था कि उसका स्वाँग काम कर रहा है। वह सेठ को मूर्ख बनाने में सफल रहा था।

उधर सेठ प्रसन्न था कि वह अपनी पुत्री की इच्छा पूरी करने में सफल हो रहा था। उसे अधिक कुछ नहीं करना पड़ा था।

''तो फिर मैं तुम्हारे पिता से बात करने आऊँ?''

सुत्थक ने बनावटी लाज ओढ़ते हुए झुककर सेठ के चरण छू लिये।

''सदा सुखी रहो। जीते रहो,'' कहकर सेठ ने अपने घर की राह ली।

पिता के आने पर भद्रा को सारी जानकारी मिली तो वह आनंदातिरेक में दीवानी हो गई। सेठ ने उसे हँसकर गले से लगा लिया। उन्होंने अपनी पुत्री को इतना प्रसन्न पहले कभी नहीं देखा था।

अगले ही दिन सेठ तैयार होकर राज-पुरोहित से भेंट करने चल दिया। राज पुरोहित तो सेठ के आने का उद्देश्य जानकर चौंक गया।

''आपको लगता है मेरे पुत्र के विषय में कुछ पता नहीं है?'' राज-पुरोहित ने स्पष्ट कहा।

''मुझे सब पता है। बच्चा है। गलती मनुष्य से ही होती है। यह तो सामान्य मानव स्वभाव है, फिर मेरी बच्ची उसे उस दिन देख ही चुकी है। वह उसे पसंद है। मैंने उससे बात कर ली है। विवाह हो जाएगा तो वह घर-

गृहस्थी में लग जाएगा, फिर कहाँ अवकाश होगा उसके पास इन व्यर्थ की बातों के लिए।'' सेठ ने कहा।

''यह तो आपकी उदारता है। आपकी महानता है। आप जैसा चाहें। मैं क्या कह सकता हूँ!'' राज-पुरोहित ने पूरी विनम्रता से कहा।

इस प्रकार विरोध और आलोचना के अनेक स्वरों की चिंता न करते हुए सेठ ने अपनी नादान पुत्री भद्रा का विवाह कलंकित सुत्थक से कर दिया। सेठ ने केवल अपनी बेटी की खुशी देखी। और किसी बात से उसने कोई मतलब नहीं रखा।

सेठ के पास किसी प्रकार की कोई कमी तो थी नहीं। उसने बहुमूल्य आभूषणों, वस्त्रों और अन्य दान-दहेज के साथ अपनी लाड़ली पुत्री को विदा किया।

विवाह हो जाने पर दोनों ने अपने नए जीवन की नए ढंग से शुरुआत की। भद्रा तो अपना मनचाहा, मुँहमाँगा पति पाकर आनंद में खो गई। वहीं सुत्थक भी नवल यौवन का रसपान कर मुग्ध हो गया। रूप के इधर या उधर की तो उसे कुछ सुध ही नहीं रही। जैसे भँवरा फूल पर चिपक जाता है और मधु की मृदुलता में स्वलीन हो जाता है—वही दशा सुत्थक की हुई।

जब तक सबकुछ नया-नया था, सुत्थक का मन अपनी नई-नवेली वधू में ही अटका रहा। उसमें यह परिवर्तन देख राज-पुरोहित को भी प्रसन्नता व संतुष्टि थी और सेठ को भी।

''आश्चर्य है!'' राज-पुरोहित की प्रतिक्रिया थी।

''मैंने कहा था न!'' सेठ की गर्वोशक्ति थी।

कुछ समय ऐसे ही व्यतीत हो गया, फिर जैसी कि कहावत है 'चोर चोरी से जाए हेरा-फेरी से न जाए—सुत्थक के दिमाग का कीड़ा कुछ दिनों बाद कुलबुलाने लगा। उसके अंदर का चोर फिर कसमसाने लगा। उसकी इतनी बदनामी हो चुकी थी कि अब उसमें बाहर कोई वारदात करने का साहस नहीं बचा था, इसलिए उसने घर में ही सेंध लगाने की सोची।

भद्रा के बहुमूल्य आभूषणों, वस्त्रों और अन्य सामान पर सुत्थक की

कुदृष्टि पहले दिन से ही थी। उसने उन पर हाथ साफ करने, उन्हें हथियाने की योजना बनाई। अब उस पर से रूप-यौवन का खुमार भी उतर चुका था।

इस तरह एक दिन उसने भद्रा से प्रेमालाप के बीच यह इच्छा प्रकट कर दी कि वह उसके साथ बाहर जाना चाहता है। घर के बंधनों, गृहस्थी के झंझटों और परिवार की सीमाओं से दूर। जहाँ बस तुम हो और मैं—कोई तीसरा न हो।

भद्रा को इसमें अपने पति का अगाध प्रेम ही दिखाई दिया। उसके निश्छल मन में एक बार भी यह विचार नहीं आया कि सुत्थक की कुदृष्टि उसकी धनराशि, उसके अत्यंत बहुमूल्य आभूषणों आदि पर थी। वह उसे बस राह का काँटा समझता था और उससे मुक्ति पाना चाहता था। वह उसकी हत्या करना चाहता था।

सुत्थक अपनी भोली-भाली भार्या भद्रा को किसी एकांत स्थल में ले जाकर उसे मार देना चाहता था। वह कई दिनों से इस विषय में सोच रहा था। अंतत: उसके दिमाग में उस निर्जन पहाड़ी का ध्यान आया। वह उसकी योजना के सर्वथा अनुकूल और उपयुक्त थी। वह उसके आभूषण उतारकर उसे वहाँ से धकेल देगा और दुर्घटना बता देगा। किसी को कोई संदेह भी नहीं होगा।

सारी योजना की मानसिक रूपरेखा तैयार कर उसने भद्रा को मनाया। बहाने बनाने में तो वह पारंगत था ही और पत्नी नासमझ थी। एक तरह से कहें तो वह मूर्ख ही थी। वह सुत्थक के झाँसे में आ गई और उसके साथ चलने को तैयार हो गई।

योजनानुसार सुत्थक अपनी पत्नी को निर्जन एकांत पहाड़ी पर ले गया। कुछ देर भद्रा को चिकनी-चुपड़ी बातों से लुभाने के बाद वह अपने असली उद्देश्य पर आ गया। उसने भद्रा से चुपचाप सारे आभूषण उतार देने को कहा। भद्रा की समझ में कुछ न आया।

"क्यों? यह सब आपका भी तो है, बल्कि सब आपका ही है। मैं आपकी हूँ, मेरा सर्वस्व भी तो आपका ही है।"

"ऐसी बड़ी-बड़ी बातें मत कर, नादान औरत जब तक तू है तब तक यह सब मेरा कैसे हो सकता है? आज मैं तुझे परलोक भेज दूँगा तब सबकुछ मेरा हो जाएगा, हाँ!" सुत्थक ने कहा और भद्रा की ओर बढ़ा।

भद्रा उसका यह भयानक रूप देखकर काँप गई। मौत उसके सामने थी।

कहते हैं, संकट के समय जब जान पर ही बन आती है तो उस समय मनुष्य की अतिरिक्त इंद्रियाँ सक्रिय हो जाती हैं।

भद्रा के साथ भी यही हुआ। उसका मस्तिष्क तेजी से काम करने लगा। कुछ ही क्षणों में उसने तय कर लिया कि इस परिस्थिति में उसे क्या करना है।

बस भद्रा ने बड़ी चतुराई से काम करते हुए सुत्थक को बातों में लगाया और उसे पहाड़ी से धक्का दे दिया। सुत्थक का वार उलटा सुत्थक पर ही पड़ा। उसका प्राणांत हो गया।

भद्रा पसीने-पसीने हो रही थी। वह वहीं एक शिला पर बैठ गई। उसने स्वयं को संयत किया और भविष्य के विषय में सोचने लगी। उसका निर्णय उसके स्वाभिमान से निर्देशित था।

'अब लौटकर घर तो जाने वाली नहीं मैं'—उसने तय किया। घर वापसी की जगह उसने घर-त्याग को बेहतर समझा। वह अनागरिक हो गई। साध्वी हो गई।

उस समय के प्रचलित कई पंथों का गहन ज्ञान प्राप्त किया भद्रा ने। शास्त्रों का अध्ययन कर वह शास्त्रार्थ में प्रवीण हो गई। उसने अनेक ज्ञानियों को शास्त्रार्थ में पराजित किया। अंत में धम्म सेनापति सारिपुत्र के प्रश्न का उत्तर न दे पाने पर उसने बौद्ध धर्म में शरण ली।

कहते हैं, मुंडन के पश्चात् उसके जो बाल आए, वे कुंडल के समान (घुँघराले) थे। इस तरह वह 'कुंडल केशा' के नाम से विख्यात हुई। बौद्ध जगत् में उसकी प्रतिष्ठा थेरी भद्रा कुंडलकेशा के रूप में है।

□

## १

# राजगृह का वैद्यराज

वैशाली की प्रसिद्धि के अनेक कारणों में से एक कारण था वहाँ आम्रपाली की उपस्थिति। अतीव सुंदरी और गुणवती आम्रपाली वहाँ की नगरवधू थी। उस जैसी रूपसी वहाँ के लोगों ने न देखी थी और न ही ऐसी किसी रूपवती के विषय में उन्होंने सुना था।

जब मगधराज बिंबिसार के संज्ञान में यह बात लाई गई कि राजगृह में ऐसी कोई सुंदरी नहीं है और यह उसके लिए लज्जाजनक है, तो फिर ऐसी एक नवयौवना की तलाश की गई। यह तलाश समाप्त हुई सालवती पर।

यह सालवती नामक नवयुवती सौंदर्य और गुणों में वैशाली की आम्रपाली से बहुत आगे थी। वह सुंदर होने के साथ-साथ संगीत, नृत्य आदि में भी निपुण थी।

सालवती को राजगृह की नगरवधू बना दिया गया। गणिका के रूप में भी उसने आम्रपाली से अधिक ख्याति और संपत्ति अर्जित की। राजगृह के लोग अब प्रसन्न थे और गौरवान्वित भी कि उनके यहाँ भी अब रूप की एक रानी है।

सबकुछ बहुत अच्छा चल रहा था। सालवती अपनी इस नई भूमिका में, इस नई महिमा में आह्लादित थी, किंतु उससे नादानी में असावधानी हो गई और एक दिन उसने स्वयं को गर्भवती पाया।

एक गणिका के लिए इससे अधिक अनिष्ट स्थिति और कुछ नहीं हो सकती थी। जब तक इसे गुप्त रखा जा सकता था, उसने भरपूर प्रयास किया,

फिर उसने स्वयं को एकांतवास में समेट लिया। उसने अस्वस्थता का बहाना बना लिया। फिर उचित समय आने पर उसने एक पुत्र को जन्म दिया। अब वह क्या करती?

उसने अपनी विश्वासपात्र दासी को आदेश दिया कि वह उस नवजात को कहीं छोड़ आए, क्योंकि यदि लोगों को पता चलता कि वह माँ बन गई है तो एक तो उसकी प्रतिष्ठा में कमी आ जाती और दूसरे उसके ग्राहक भी कम हो जाते।

दासी ने आदेश का पालन किया। वह बालक को एक टोकरी में रखकर भोर होने से पूर्व ही निकल गई। उस टोकरी को उसने एक घूरे पर रख दिया।

बच्चे ने रोना शुरू किया। उसका रुदन सुनकर वहाँ लोगों का जमघट लग गया। वे बच्चे के स्वास्थ्य, उसकी सुकुमारता, उसकी सुंदरता की चर्चा करते और उसकी 'हृदयहीन माँ' को कोसते जाते थे।

उसी समय राजा बिंबिसार के एक पुत्र राजकुमार अभय का वहाँ से निकलना हुआ। कूड़े के ढेर पर एक नवजात बालक के मिलने के विषय में जानकर उन्हें आश्चर्य हुआ और दुःख भी।

कुमार अभय ने उस नवजात को अपने संरक्षण में ले लिया, क्योंकि वह घूरे पर और उस परिस्थिति में 'जीवित' मिला था, इसलिए उसका नाम 'जीवक' पड़ा।

थोड़ा बड़ा होने पर जीवक ने आत्मनिर्भर होने का संकल्प किया। उसकी रुचि चिकित्सा में थी। वह एक प्रतिष्ठित और योग्य चिकित्सा आचार्य से यह विद्या सीखने तक्षशिला चला गया।

तक्षशिला में जीवक ने बड़ी लगन और मेहनत से अपनी शिक्षा ग्रहण की। इस विद्या का गहनता और विस्तार से अध्ययन कर लेने के पश्चात् उसने आचार्य से लौटने की अनुमति माँगी।

आचार्य ने जीवक की परीक्षा ली और जब वह आश्वस्त हो गए कि जीवक चिकित्सा विज्ञान में निष्णात हो गया है तो उन्होंने पाथेय की व्यवस्था करके उसे विदा किया। जीवक वापस राजगृह की ओर चल दिया।

अब हुआ यह कि उसका पाथेय तो रास्ते में ही चुक गया। उसने सोचा— 'समय आ गया है कि मैंने जो विद्या सीखी है, उसका मैं उपयोग करूँ। मुझे भी पता चल जाएगा कि मैं कितना सीख सका हूँ।'

कहते हैं, उस समय वह साकेत से निकल रहा था। उसने वहीं कुछ धनार्जन करके आगे की यात्रा के लिए पर्याप्त संसाधन जुटाने का विचार किया।

संयोग यह हुआ कि उन दिनों वहाँ के सेठ की पत्नी भयंकर सिरदर्द से त्रस्त थी। कई वर्ष हो चुके थे। अनेक नामी और योग्य चिकित्सकों ने उसका उपचार किया, किंतु वे सफल नहीं हुए थे। इलाज में बड़ी धनराशि लगाकर भी उसे अपनी असह्य पीड़ा से मुक्ति नहीं मिली थी।

सेठानी ने अपने रोग को असाध्य मान लिया था। उसने मान लिया था कि अब यह पीड़ा उसके साथ ही जाएगी। अब वैद्यों-चिकित्सकों पर से उसका भरोसा उठ चुका था। उसने उन पर विश्वास करना ही छोड़ दिया था। अब किसी उपचारक को वह पास भी नहीं फटकने देती थी।

सेठानी को ऐसा लगने लगा था कि ये सारे लोग उपचार के नाम पर उससे पैसे ऐंठने आते थे। उसे स्वस्थ करने में उनकी कोई रुचि उसे दिखाई नहीं देती थी। एक प्रकार से अपने रोग से सेठानी ने समझौता कर लिया था, अपनी अपरिवर्तनीय नियति को स्वीकार लिया था।

जीवक को जब सेठानी के रोग और इस सारी पृष्ठभूमि के विषय में पता चला तो वह मन-ही-मन अत्यंत प्रसन्न हुआ। चिकित्सक-जीवन के प्रारंभ में ही उसे ऐसा असाधारण अवसर मिल रहा था। उसने सोचा 'वह इस अवसर को हाथ से जाने नहीं देगा। इस चुनौती को स्वीकार करेगा और इसमें सफल भी होगा।'

जीवक का आत्मविश्वास उसकी सबसे बड़ी ताकत थी। वह इस बात को समझ रहा था कि सेठानी का विश्वास क्षीण हो चुका था। इतना धन व्यय करने पर भी उसे जो निराशा हाथ लगी थी, उसने सेठानी की मानसिकता को भी प्रभावित किया था। वह और भी कृपण हो गई थी।

जीवक ने इन सब बातों को ध्यान में रखते हुए अपनी योजना बनाई।

उसने यह संदेश सेठानी तक पहुँचाया कि वह उससे कोई शुल्क नहीं लेगा। उपचार सफल होने पर ही यदि सेठानी चाहे तो उसे शुल्क दे सकती है। सेठानी को यह प्रस्ताव ठीक जँचा। वह उपचार करवाने को तैयार हो गई।

जब जीवक ने सेठानी के उपचार की इच्छा जताई तो सेठानी ने उसके विषय में जानकारी माँगी। वह यह जानकर तो बिलकुल बिदक गई कि यह चिकित्सक तो नवयुवक ही था। अभी तो वह अध्ययन करके निकला ही था। अभी उसने किसी का भी उपचार नहीं किया था। वह यदि उससे इलाज करवाने को तैयार हुई तो वह उसकी प्रथम रोगी होगी।

सेठानी को दो बातों ने युवा वैद्य जीवक से अपना उपचार करवाने को तैयार किया। एक, इस चिकित्सक की बातों में जबरदस्त आत्मविश्वास है। दो, उसने उपचार की सफलता से पूर्व कुछ भी शुल्क न लेने का भरोसा जताया है, जिससे यह इंगित होता था कि यह युवक कम-से-कम धन का लोभी नहीं है। सेठानी ने स्वयं को उपचार हेतु जीवक के हवाले कर दिया।

सेठानी का रोग जीवक की समझ में आ गया था। उसकी पकड़ में आ गया था। उसने पूरे मनोयोग से सेठानी का उपचार किया और वह सफल रहा। उसे पहले ही मामले में सफलता मिल गई थी। उसके लिए यह एक महान् उपलब्धि थी, जबकि सेठानी के लिए यह एक अविश्वसनीय, किंतु निरुपम सौगात थी। वह स्वस्थ हो गई थी!

कहने की आवश्यकता नहीं, सेठानी ने जीवक को मालामाल कर दिया। कहाँ वह पाथेय का जुगाड़ कर रहा था। अब वह समृद्ध होकर राजगृह लौट रहा था।

इस पहले मामले के बाद फिर जीवक ने पीछे मुड़कर नहीं देखा। एक के बाद एक उसने कितने ही चुनौतीपूर्ण और विस्मयकारी उपचार किए। चिकित्सा के क्षेत्र में उसने अनुपम सफलता और ख्याति अर्जित की।

जीवक ने मगध नरेश बिंबिसार को एक लज्जानक व्याधि से मुक्त किया। उसे राजवैद्य की पदवी और वैद्यराज की उपाधि मिली। यहाँ दो और प्रसंगों का उल्लेख किया जा सकता है।

उज्जयिनी नरेश चंड प्रद्योत अपने नाम के अनुरूप ही अत्यंत क्रोधी स्वभाव का था। छोटी-छोटी बातों पर बिगड़ जाना और आपा खो देना उसकी आदत बन चुकी थी।

एक बार चंड प्रद्योत को एक गंभीर रोग हो गया। उसने कई वैद्यों से उपचार करवाया, किंतु वे राजा को ठीक नहीं कर पाए। उसकी दशा और बिगड़ती जा रही थी। जब सारे प्रयास व्यर्थ गए तो वह हताश हो गया।

चंड प्रद्योत ने जीवक की उपलब्धियों, उसके कौशल के विषय में सुन रखा था। उसने जीवक को बुलाने का निर्णय किया। चंड प्रद्योत ने राजा बिंबिसार के पास संदेशवाहक भेजकर अपनी रुग्णता का समाचार दिया। उज्जयिनी नरेश ने मगधराज बिंबिसार से यह अनुरोध भी किया कि वह अपने योग्य वैद्य जीवक को उसके उपचार के लिए भेज दें।

राजा बिंबिसार ने जीवक तक चंड प्रद्योत का संदेश पहुँचाया तो जीवक एक बारगी तैयार नहीं हुआ। उसने टालने का हरसंभव प्रयास किया। उसने राजा बिंबिसार से आग्रह किया कि वह उसे इस विषम स्थिति में, इस धर्मसंकट में न डालें।

जीवक तो राजा चंड प्रद्योत के स्वभाव से परिचित था। वैसे वह चंड प्रद्योत से भयभीत नहीं था। वह एक उपचारक था। उसकी स्थिति एक दाता की थी, फिर भला वह क्यों डरता किसी से। इसका कारण कुछ और ही था।

जीवक को पता था कि चंड प्रद्योत को घी से अरुचि थी। वह किसी भी रूप में घी को स्वीकार नहीं कर सकता था। घी उसके लिए अवांछनीय था। वह घी को सहन ही नहीं कर सकता था और जीवक की औषधि में घी एक अनिवार्य तत्त्व था।

जीवक जानता था कि राजा चंड प्रद्योत को स्वस्थ करने के लिए वह जो दवा देगा, उसमें उसे घी का मिश्रण करना ही पड़ेगा। बिना घी के वह औषधि बन ही नहीं सकती थी, जिससे चंड प्रद्योत को लाभ होता। धर्मसंकट की स्थिति यही थी। चंड प्रद्योत घी का प्रयोग करेगा नहीं और घी के अभाव में वह औषधि कारगर होगी नहीं।

जीवक ने बार-बार मगधराज बिंबिसार से आग्रह किया कि वह उसे चंड प्रद्योत का उपचार करने को बाध्य न करें। उसे वहाँ न भेजें, किंतु अंत में बिंबिसार के बहुत कहने पर जीवक को चंड प्रद्योत का उपचार करने के लिए उज्जयिनी जाने पर सहमत होना पड़ा।

जीवक उज्जयिनी पहुँच तो गया, किंतु एक योजना के साथ। उसे पता था कि चंड प्रद्योत को जैसे ही इस बात का पता चलेगा कि उसे औषधि में घी दिया गया है, वह आपे से बाहर हो जाएगा। वह जीवक को अपने क्रोध का शिकार अवश्य बनाएगा।

इसलिए अपनी योजनानुसार जीवक ने चंड प्रद्योत से बचाव के लिए अपने लिए एक तीव्र वाहन (हाथी) तैयार रखने को कहा, फिर वही हुआ जो उसने सोच रखा था। उसने चंड प्रद्योत को औषधि दी। जब तक औषधि अपना प्रभाव दिखाती, जीवक चंड प्रद्योत की राज्य-सीमा से बाहर जा चुका था। दवा ने तत्काल काम किया और चंड प्रद्योत ठीक हो गया।

चंड प्रद्योत को यह भी पता चल ही गया कि जीवक ने उसकी औषधि में घी का मिश्रण किया था। उसने अपने अनुचरों को आदेश दिया कि वे जीवक को उसके समक्ष प्रस्तुत करें, किंतु उसे बताया गया कि वैद्यराज जीवक तो कब का प्रस्थान कर चुका है।

जब जीवक हाथ न आया तो चंड प्रद्योत मन मसोसकर रह गया, फिर भी वह प्रसन्न था कि वह अब स्वस्थ हो गया है। उसे उसके पीड़क रोग से मुक्ति मिल गई थी। उसने जीवक को उपहारस्वरूप एक दुशाला भिजवाया।

इस प्रकार की अनेक घटनाओं, प्रसंगों से जीवक का जीवन भरा पड़ा है। एक प्रसंग तथागत बुद्ध और उनके फुफेरे भाई देवदत्त से संबंधित है।

देवदत्त के विषय में हम इसी पुस्तक में पढ़ते हैं कि तथागत बुद्ध का फुफेरा भाई तो अवश्य था, किंतु स्वभाव से वह बिलकुल विपरीत था। लड़कपन में ही एक हंस को मारने पर देवदत्त को सिद्धार्थ गौतम की आलोचना का सामना करना पड़ा था। देवदत्त की हिंसा पराजित हुई थी, तभी से देवदत्त के मन में सिद्धार्थ (बुद्ध) के प्रति वैमनस्य भाव आ गया था। वह बुद्ध को हानि

पहुँचाने के प्रयास में रहता था।

जब सिद्धार्थ बोधि लाभ करने के परिणामस्वरूप बुद्ध हो गए और बाद में संघ-प्रमुख भी, तो देवदत्त उनसे और भी शत्रुता रखने लगा। उसके शत्रु भाव ने घातक घृणा का रूप ले लिया। उसने उन्हें मारने के कई प्रयास किए या करवाए, किंतु तथागत हर बार उसकी कुत्सित चेष्टाओं से बच गए।

तथागत पर घात करने के ऐसे अनेक प्रयास देवदत्त द्वारा या उसके माध्यम से किए गए। यहाँ हम जीवक की दृष्टि से प्रासंगिक ऐसी एक घटना का उल्लेख कर सकते हैं।

देवदत्त अपनी कुटिल, कुत्सित चालों को कार्यरूप देने को सदा तत्पर रहता था। वह ऐसे अवसर तलाशता रहता था, जब तथागत पर प्रहार किया जा सके।

एक बार तथागत बुद्ध जब गृध्रकूट पर्वत के नीचे से जा रहे थे, तो देवदत्त ने पर्वत की चोटी से उन पर एक बड़ी चट्टान लुढ़का दी। तथागत के पक्ष में सुयोग यह रहा कि वह चट्टान नीचे आते-आते एक अन्य शिला से टकरा गई और टुकड़े-टुकड़े हो गई।

फिर भी खंडित चट्टान का एक टुकड़ा तथागत के पाँव से आ टकराया और वे आहत हो गए। उनके पाँव से रक्तस्राव भी होने लगा। उन्हें पीड़ा भी होने लगी। जीवक को यह समाचार मिला तो वह तुरंत तथागत की सेवा में उपस्थित हो गया। उसने सदा की भाँति उनकी सेवा-शुश्रूषा की, उनका उपचार किया, तथागत शीघ्र ही स्वस्थ हो गए।

उल्लेखनीय है कि जीवक राजा बिंबिसार का, उसके राज-परिवार का, तथागत बुद्ध का और उनके भिक्खु संघ का अधिकृत चिकित्सक रहा। पितृहंता राजा अजातशत्रु के कष्टकर रोग का उपचार ही नहीं किया जीवक ने, अपितु उसे उसके विगत आचरण पर चिंतन करने को प्रेरित किया और उसे तथागत की शरण में भी पहुँचाया। स्वयं जीवक आजीवन बुद्धधम्म के प्रति समर्पित उपासक बनकर रहा।

□

## १०

# अंदर की आग

अंग राज्य के भाद्दर्दय नामक नगर में एक धनी परिवार रहता था। परिवार के मुखिया का नाम धनंजय था। वह नगर का एक प्रतिष्ठित सेठ था। उसकी पत्नी सुमना देवी नाम की एक सदाचारी महिला थी।

सेठ धनंजय की एक पुत्री थी, नाम था विशाखा। वह अत्यंत रूपवती, सहृदय और सुशील थी। वह सर्वांग सुंदरी और सर्वगुणसंपन्न थी। तरुणाई में भी उसमें असाधारण पौरुष, बल और स्त्री-सुलभ सौंदर्य तथा आकर्षण के समस्त लक्षण थे। उसमें सांसारिक चतुराई थी, तो मन की गहनता भी।

यौवन में पदार्पण करने पर उसका रूप और भी निखर गया। उसके अंग-प्रत्यंग में मोहकता की मधुर धारा तरंगित होने लगी। उसमें अद्वितीय आकर्षण आ गया। वह मनभावन हो गई। उसके पिता ने सही समय जान उसके लिए एक योग्य वर की तलाश प्रारंभ कर दी।

उन्हीं दिनों एक उत्सव हुआ। विशाखा भी अपनी सखियों-दासियों के साथ नदी-स्नान के लिए वहाँ पैदल ही पहुँच गई, तभी अचानक आकाश में मेघ घिर आए। देखते-ही-देखते टपाटप वर्षा की बूँदें गिरने लगीं।

विशाखा के साथ की सभी युवतियाँ-स्त्रियाँ वर्षा जल से बचने के लिए भागने लगीं और दौड़ती हुई एक विशाल कक्ष में घुस गईं। विशाखा ने ऐसी कोई चेष्टा नहीं की। वह अपनी स्वाभाविक चाल और गति से चलती हुई उस कक्ष में प्रविष्ट हुई। यद्यपि इस उपक्रम में कुछ भीग भी गई वह, पर उसने इसकी कोई चिंता नहीं की।

विशाखा और उसके साथ की स्त्रियाँ जिस कक्ष में वर्षा से बचने के लिए घुसी थीं, उस कक्ष में उस समय कुछ ब्राह्मण भी थे। ये सयाने ब्राह्मण श्रावस्ती के एक सेठ मिगार के कहने पर उसके पुत्र पुण्यवर्धन के लिए एक सुयोग्य वधू की तलाश में वहाँ आए थे।

ब्राह्मणों को यह देखकर कुछ विचित्र लगा कि सभी लोग तो वर्षा से बचने के लिए इधर-उधर भाग रहे थे। वे कन्याएँ भी भागकर कक्ष में आ गई थीं, किंतु एक युवती थी, जिसने कोई हड़बड़ी नहीं दिखाई। उसने वर्षा से बचने का कोई प्रयास नहीं किया और वह भीग भी गई थी।

ब्राह्मणों ने उसे उसकी नादानी समझा। वे सोच रहे थे कि वह भी औरों की तरह दौड़ लगाएगी, अपने आपको पानी से बचाएगी, किंतु ऐसा कुछ भी नहीं हुआ था। वह युवती भीग गई, उसके आभूषण भीग गए। उसके वस्त्र भीग गए, फिर भी वह भागी नहीं। उसने दौड़ नहीं लगाई।

ब्राह्मणों को यह बात हजम नहीं हो रही थी कि उसने ऐसा क्यों किया। इस प्रकार से भीगकर वह अपने रूप, यौवन का प्रदर्शन करना चाहती थी क्या? इस षोडशी को अपने सौंदर्य पर इतना गुमान था?

उनमें से एक वरिष्ठ ने विशाखा को टोक ही दिया। उसने उससे कह दिया कि वह इस तरह भीगी क्यों? क्या वह भी औरों की तरह अपने आपको वर्षा से बचाने के लिए दौड़ नहीं सकती थी? थोड़ा तेज नहीं चल सकती थी?

विशाखा ने उस ब्राह्मण की बात का बुरा नहीं माना। अपने पारिवारिक संस्कारों को उसने कभी नहीं त्यागा था। अपने से बड़ों का, वयोवृद्धों का वह सदा सम्मान करती थी। उसने बहुत शांति, बहुत सौम्यता से अपनी बात रखी।

"आर्यजन!" विशाखा ने कहा, "यदि मैं चाहती तो इन सबसे तेज दौड़ सकती थी, किंतु मैंने जान-बूझकर ऐसा नहीं किया। मैं बताती हूँ क्यों? जैसे एक राजा जब तमाम आभूषणों से सुसज्जित होता है तो उसे यह शोभा नहीं देता कि वह अपनी काँछ बाँधकर महल के प्रांगण में दौड़ता फिरे। जैसे

साज-सामान से युक्त एक राजकीय हाथी के लिए यह उचित नहीं कि वह दौड़ लगाए। जैसे भिक्खुओं के लिए यह शोभनीय नहीं कि वे साधारण उपासकों की तरह भागें। वैसे ही यह एक स्त्री के लिए यह गरिमामय नहीं है कि वह एक पुरुष की तरह दौड़ लगाए।''

सयाने ब्राह्मण उसका उत्तर सुनकर स्वयं निरुत्तर हो गए, किंतु उन्हें अत्यंत प्रसन्नता भी हुई। विशाखा के तर्कसंगत कथन से वे अत्यधिक प्रभावित हुए। उन्हें यह देखकर तो और भी हर्ष हुआ कि इस षोड्शी में सर्वांग सुंदरी के समस्त लक्षण हैं। उन्होंने तत्काल निर्णय कर लिया कि मिगार-पुत्र पुण्यवर्धन के लिए इससे बेहतर और कोई लड़की हो ही नहीं सकती।

सयाने ब्राह्मणों ने लौटकर सेठ मिगार को यह समाचार दिया। मिगार को यह जानकर अत्यंत तसल्ली और प्रसन्नता हुई कि उसके योग्य पुत्र पुण्यवर्धन के लिए आदर्श जीवन-संगिनी मिल गई है, किंतु अभी तो बस सयाने ब्राह्मण का संदेश ही था। बात तो आगे बढ़ानी होगी। बन जाए, तभी बात होती है।

इस प्रकार एक दिन दोनों पक्षों का साक्षात्कार हुआ। दोनों लगभग बराबर की प्रस्थिति के थे। लड़का और लड़की भी एक-दूसरे के उपयुक्त थे। दोनों स्वस्थ थे, सुंदर थे, सुयोग्य थे, सुशील थे और समवयस्क भी।

दोनों परिवारों में बस एक अंतर था। वे अलग-अलग पंथ के मानने वाले थे। धनंजय का परिवार तो तथागत के धम्म में आस्था रखता था। वहीं मिगार किसी अन्य पंथ का अनुयायी था, किंतु उनकी यह पंथभिन्नता पुण्यवर्धन और विशाखा के विवाह में बाधक नहीं बनी और वे दोनों एक भव्य समारोह में पूरे संस्कार के साथ पति-पत्नी बन गए। वे गृहस्थी के रथ पर आरूढ़ हो गए।

अपनी पुत्री को विदा करते समय सेठ धनंजय ने उसे पितृ-वचनों की सौगात भी दी। धनंजय ने विशाखा से कहा कि नए घर में वह इन बातों का ध्यान रखे। वह इनका पालन करेगी तो उसका विवाहित जीवन सदा सुखी रहेगा। उसने अपनी पुत्री से कहा—

१. अंदर की आग बाहर मत ले जाना।
२. बाहर की आग अंदर मत लाना।
३. केवल देने वालों को ही देना।
४. नहीं देने वालों को नहीं देना।
५. देने वालों को भी देना और नहीं देने वालों को भी।
६. सुख से बैठना।
७. सुख से खाना।
८. सुख से सोना।
९. आग को सँभालकर बरतना।
१०. घर के देवी-देवता का आदर करना।

विशाखा ने ये बातें गाँठ बाँध लीं। उसने पिता को वचन दिया कि वह उनके निर्देशों का सम्मान करेगी, सदा उनका पालन करेगी और उन्हें कभी शिकायत का अवसर नहीं देगी। पिता ने आशीर्वाद के साथ उसे विदा किया।

ससुराल में आकर विशाखा ने सबका मन जीत लिया। उसकी सहृदयता, दानशीलता, भद्रता और मृदुलता ने सभी को प्रभावित किया। सभी परिचितों से उसने अपने संबंधियों जैसा व्यवहार किया। समस्त नगरवासी उसके स्वभाव से प्रसन्न थे। ससुराल में रहने वाले सभी—क्या कुटुंबी, क्या सेवक—विशाखा के चहेते बन गए।

फिर कुछ ऐसी घटनाएँ हुईं कि विशाखा का ससुर मिगार उससे अप्रसन्न हो गया। वह विशाखा का घोर विरोध करने लगा। यहाँ तक कि उसने विशाखा से वापस उसके मायके चले जाने को कह दिया, किंतु विशाखा ने कहा कि वह इस तरह कलंकित-लांछित होकर वापस नहीं जाएगी। वह भागकर नहीं आई है। जिस सम्मान के साथ वह आई थी, यदि उसे जाना ही पड़ा तो वह उसी सम्मान के साथ जाएगी। उस पर जो निंदनीय आरोप लगाए गए हैं, उनका उचित उत्तर देकर जाएगी वह। कोई पापिन, कोई कुलटा नहीं है वह। एक सम्माननीय परिवार की एक सम्माननीय पुत्री है।

विशाखा ने अपने ससुर मिगार से कहा कि उसके पिता ने आठ वरिष्ठ

सयाने कुलबंधुओं को इसका साक्षी बनाया था— "अब यह निर्णय उन्हीं की उपस्थिति में होगा कि मैं कितनी दोषी हूँ, कितनी निर्दोष? उन्हें श्रावस्ती बुलाया जाए।"

मिगार ने इसे स्वीकार कर लिया। कुलबंधुओं को संदेश भेज दिया गया।

मिगार की आपत्तियाँ इस प्रकार थीं:

एक बार मिगार ने कुछ साधु-संतों को अपने घर बुला रखा था। वह जिस पंथ का अनुयायी था, ये साधु-संत उसी पंथ के श्रद्धेय थे। मिगार उन्हें जब-तब भिक्षा के लिए आमंत्रित करता ही रहता था। विशाखा के आगमन के पश्चात् अब उसने उन्हें पहली बार बुलाया था। जब वे आ गए तो मिगार ने अपनी पुत्रवधू से कहा, 'कुछ साधु-संत आए हैं। आकर उनकी वंदना करो।'

विशाखा बहुत प्रसन्न हुई कि साधु-संत आए हैं। वह तुरंत लगभग दौड़ती हुई उस कक्ष में पहुँची, जहाँ वे विद्यमान थे, किंतु वह द्वार पर ही ठिठक गई। 'ये साधु-संत हैं!' उन्हें देख विशाखा को हैरानी भी हुई और लज्जा भी आई। उनकी उपस्थिति अशोभनीय साधु-संतों की अभ्यस्त न थी। 'छी! छी!' करती वह वहाँ से उलटे पाँव लौट आई। उन 'साधु-संतों' ने मिगार को खूब फटकारा। उसने स्वयं भी अपमानित महसूस किया। उसे पुत्र-वधू की यह हरकत पसंद न आई।

एक अन्य अवसर पर मिगार स्वर्ण पात्र में खीर खा रहा था, तभी वहाँ एक बौद्ध भिक्खु भिक्षा माँगने आया। मिगार ने भिक्खु को देखकर भी अनदेखा कर दिया। भिक्षा देना तो दूर, मिगार ने भिक्खु की ओर से मुँह ही मोड़ लिया। विशाखा वहीं थी। उसे यह अच्छा न लगा। उसने भिक्खु से विनम्रतापूर्वक कहा, "भंते! आप आगे जाएँ। मेरा ससुर बासा भात खा रहा है।"

भिक्खु तो चुपचाप वहाँ से आगे बढ़ गया। किंतु मिगार इस अपमान के घूँट को पी न पाया।

मिगार को एक और आपत्ति थी। विशाखा के विरुद्ध उसे एक और शिकायत थी। उसे यह जानकारी मिली थी कि एक बार विशाखा कुछ सेवक-सेविकाओं के साथ आधी रात के समय घर के पिछवाड़े गई थी। मिगार के विचार में यह सदाचरण नहीं था।

मिगार को यह भी पसंद नहीं आया था कि विशाखा के पिता सेठ धनंजय ने अपनी पुत्री को विदा करते समय दस निर्देश दिए थे। मिगार के अनुसार ये निर्देश अनुचित और अमान्य थे। उदाहरणस्वरूप—धनंजय ने अपनी पुत्री को यह सिखाया था कि 'अंदर की आग बाहर मत ले जाना।' यह क्या बात हुई? क्या यह संभव है? तो क्या हम अपने पड़ोसियों को भी आग नहीं दें? मिगार ने प्रश्न किया था।

ये सभी आपत्तियाँ और शिकायतें मिगार ने दर्ज कर दीं। विशाखा के कुलबंधुओं की उपस्थिति में ये सारी बातें उठीं। विशाखा ने एक-एक कर उनका उत्तर और स्पष्टीकरण दिया।

मिगार के घर में आए 'साधु-संतों' के विषय में विशाखा ने कहा कि वे साधु-संत नहीं हो सकते। बौद्ध भिक्खुओं से तुलना करते हुए उसने कहा, "मैं बुद्ध-धम्म में आस्था रखती हूँ। हमारे परिवार की श्रद्धा तीनों रत्नों (बुद्ध, धम्म और संघ) में है। हमारे यहाँ भी साधु-संत आते रहते हैं, किंतु वे ऐसे अशोभनीय तो नहीं होते। मेरे जैसी शीलवती, सुसंस्कृत महिला तो ऐसे साधुओं को तनिक भी सहन नहीं कर सकती, जो समुचित रूप में वस्त्रावृत भी न हों। शालीनता ही साधु-संतों का प्राथमिक गुण होना चाहिए। मेरे विचार में, मैंने जो किया, वह सर्वथा उपयुक्त था, समयोचित था।"

मिगार की दूसरी शिकायत कि 'इसने उस मुंडक से कह दिया कि मेरा ससुर बासा भात खा रहा है'—के उत्तर में विशाखा ने कहा, "मैंने यह भी ठीक ही कहा था। मेरे ससुर ने खीर का सेवन करते समय पूज्य भिक्खु की अनदेखी कर दी। इस पर मेरे मन ने यही कहा कि मेरे ससुर ने इस जन्म में तो कोई सत्कर्म किया नहीं है, वह विगत या पुराने कर्मों के पुण्यों को ही भोग कर रहा है; इसीलिए मैंने भिक्खु से कह दिया कि मेरा ससुर बासा

भात खा रहा है। इसमें मैंने क्या गलत कह दिया?''

फिर मिगार ने तीसरी बात उठाई। वह विशाखा से अत्यंत खिन्न था। वह उसे आसानी से छोड़ने वाला नहीं था। उसने कहा कि एक कुलीन बहू का इस प्रकार आधी रात के समय सेवक-सेविकाओं के साथ घर के पिछवाड़े जाना कोई सदाचरण नहीं था। इसका स्पष्टीकरण देते हुए विशाखा ने सत्योद्घाटन किया कि ऐसा उसने एक घोड़ी की शुश्रूषा के लिए किया था, जो प्रसव पीड़ा से त्रस्त होकर आर्तनाद कर रही थी। सेवक-सेविकाओं ने इसकी पुष्टि की।

जब मिगार की कोई भी बात खरी नहीं उतरी तो वह हताश हो गया, किंतु फिर उसने एक अंतिम आपत्ति व्यक्त की कि विशाखा के पिता यानी उसके समधी ने अपनी पुत्री को विदाई के समय दस निर्देश दिए थे, जिनमें एक यह भी था कि 'अंदर की आग बाहर मत ले जाना'—यह कैसे हो सकता है भला? क्या अपने पड़ोसियों को भी आग नहीं दें?

विशाखा को यह अवसर उत्तम प्रतीत हुआ। उसने तय कर लिया कि वह अपने पिता के दसों निर्देशों का वास्तविक अर्थ समझाएगी। इस तरह उसने इन निर्देशों की स्पष्ट व्याख्या की। क्रमवार वह इस प्रकार थी—

१. पत्नी को अपने पति और सास-ससुर की बुराई दूसरों से नहीं करनी चाहिए, अर्थात् उसे घर की बात बाहर नहीं ले जानी चाहिए।
२. पत्नी को दूसरे घरों की बातें अपने घर में नहीं लानी चाहिए।
३. वस्तुएँ उन्हीं लोगों को देनी चाहिए जो उन्हें निश्चय ही लौटा देते हैं।
४. ऐसे व्यक्तियों को कोई भी वस्तु नहीं देनी चाहिए, जो लौटाते नहीं हैं।
५. निर्धन कुटुंबीजन और मित्र यदि लौटाने की स्थिति में नहीं हैं तो उनकी सहायता करनी चाहिए।
६. पत्नी को शालीनता से बैठना चाहिए। अपने सास-ससुर या पति को देखकर उसे खड़े रहना चाहिए, बैठना नहीं चाहिए।

७. स्वयं भोजन करने से पूर्व पत्नी को यह सुनिश्चित कर लेना चाहिए कि उसके सास-ससुर और पति ने भोजन कर लिया है। उसे यह भी सुनिश्चित कर लेना चाहिए कि उसके सेवकों की अच्छी देखभाल हो रही है।

८. सोने से पूर्व पत्नी को यह सुनिश्चित कर लेना चाहिए कि सारे द्वार बंद कर लिए गए हैं, घर का सामान सुरक्षित है, नौकरों ने अपने-अपने काम निपटा लिए हैं और सास-ससुर सोने चले गए हैं। पत्नी को प्रतिदिन नियम से सुबह जल्दी उठ जाना चाहिए और यदि वह अस्वस्थ नहीं है तो, उसे दिन में नहीं सोना चाहिए।

९. सास-ससुर और पति को अग्नि समान ही समझना चाहिए। उन्हें आग की तरह ही बरतना चाहिए।

१०. सास-ससुर और पति को देवतुल्य समझना चाहिए। उन्हें उसी प्रकार सम्मान देना चाहिए।

यह व्याख्या सुनकर तो मिगार निरुत्तर हो गया। उसके पास कहने को कुछ बचा ही नहीं। अब वह क्या कहता? क्या आरोप लगाता? उसे अपनी अज्ञानता पर लज्जा आई। उसने अपनी पुत्रवधू विशाखा से क्षमा माँग ली।

विशाखा ने क्योंकि अपने ससुर मिगार के प्रज्ञाचक्षु खोले और उसे धर्म-मार्ग पर आरूढ़ किया था, इसलिए मिगार ने कहा कि वह विशाखा को अपनी माता का दरजा देगा। उसे आज के बाद से अपनी माँ मानेगा। कहते हैं, इसीलिए उसे 'मिगारमाता विशाखा' कहा गया है।

□

## ११

# दिशाओं को प्रणाम

राजगृह में एक धनी व्यक्ति रहता था। वह और उसकी पत्नी दोनों ही धर्माचारी और सदाचारी थे। उनका एक पुत्र था, नाम था सिगाल। उसे धर्म-कर्म में कोई रुचि नहीं थी, वह आध्यात्मिक बातों को बिलकुल भी गंभीरता से नहीं लेता था। वह सतही जीवन में ही मस्त रहता था। जो जैसा है, ठीक है—यही दर्शन था उसका। क्यों व्यर्थ के पचड़ों में पड़ा जाए, जो साक्षात् दिखता है, वही सत्य है। अंदर की बातें ज्ञानी जानें। यह उन्हीं का काम है। इन्हीं विचारों के अनुसार वह आराम से जीवनयापन कर रहा था।

जब सिगाल के पिता का अंत समय निकट आया तो उन्होंने सिगाल को अपने पास बुलाया। पिता ने सिगाल को सारी ऊँच-नीच समझाई, फिर उन्होंने कहा, "मेरी एक इच्छा है, ध्यान दो तो कहूँ।"

सिगाल अपने पिता को प्रेम करता था। उसने सोचा, 'पिता की अंतिम इच्छा है। मुझे उसका सम्मान करना चाहिए।'

"कहिए पिताजी, मैं पूरा ध्यान दूँगा।" उसने कहा।

"मेरे पश्चात् प्रतिदिन नियम से दिशाओं को प्रणाम करना।"

इस तरह सिगाल ने दिशाओं को प्रणाम करने का नियम बना लिया। वह सुबह-सवेरे उठ जाता और शुद्ध होकर, स्नान करके सभी दिशाओं को प्रणाम करता।

एक सुबह जब वह इस प्रकार भीगे वस्त्र, भीगे केश लिये दिशाओं को प्रणाम कर रहा था तो तथागत बुद्ध का वहाँ आगमन हुआ। वे उन दिनों वहीं

कलंदकनिवाप में रह रहे थे। तथागत ने सिगाल को इस प्रकार दिशाओं को प्रणाम करते देखा तो उससे पूछ लिया—"वत्स, तुम यह क्या कर रहे हो?"

"मैं दिशाओं को प्रणाम कर रहा हूँ, भगवान्!" सिगाल ने स्पष्ट उत्तर दिया।

"कौन सी दिशाओं को?"

"वही पूर्व, पश्चिम, उत्तर, दक्षिण, ऊपर और नीचे। मैं इन सभी छह दिशाओं को प्रणाम कर रहा हूँ। मैं नियम से दिशाओं को प्रणाम करता हूँ।"

"अच्छी बात है, किंतु तुम दिशाओं को प्रणाम क्यों करते हो, वत्स?"

"क्योंकि यह मेरे पिताजी की अंतिम इच्छा है। उन्होंने कहा था कि मैं सभी दिशाओं को प्रणाम करता रहूँ।"

"ठीक है, किंतु क्या तुम्हें दिशाओं का सही अर्थ पता है?"

"दिशाओं का क्या अर्थ होगा भगवान्? दिशाएँ तो बस दिशाएँ होती हैं। पूर्व, पश्चिम, उत्तर, दक्षिण, ऊपर, नीचे और क्या?"

"जानना चाहोगे कि वास्तव में ये दिशाएँ क्या हैं? इनका अर्थ क्या है? इनकी सार्थकता क्या है?"

"अवश्य भंते!"

"तो सुनो वत्स! मैं तुम्हें इन दिशाओं का वास्तविक अर्थ बताता हूँ, और यह भी बताता हूँ कि इन्हें प्रणाम करने का सही तरीका क्या है।"

फिर तथागत बुद्ध ने दिशाओं की सम्यक् व्याख्या की। उनका विश्लेषण किया।

तथागत ने सिगाल को बताया कि पूर्व दिशा वास्तव में माता-पिता को मानना चाहिए। माता-पिता पाँच तरह से पुत्र पर अनुकंपा करते हैं। वे उसे पाप से बचाते हैं। उसे पुण्य कर्म में प्रतिष्ठित करते हैं। उसे विद्या दान कराते हैं। वे योग्य कन्या से उसका विवाह कराते हैं और समय से उसे उसकी विरासत सौंप देते हैं।

उपयुक्त पाँच बातों को ध्यान में रखकर पुत्र को माता-पिता की सेवा करनी चाहिए। उसे इस प्रकार सोचना चाहिए—माता-पिता ने मेरा भरण-

पोषण किया है, इसलिए मुझे उनका भरण-पोषण करना चाहिए। उन्होंने मेरा कार्य किया है तो मुझे भी उनका कार्य करना चाहिए। जैसे उन्होंने कुलवंश को बनाए रखा, मुझे भी बनाए रखना चाहिए। जैसे उन्होंने मुझे दायभाग दिया, मुझे भी देना चाहिए। मुझे मृत माता-पिता के प्रति सदैव श्रद्धा भाव रखना चाहिए।

पश्चिम दिशा के विषय में तथागत ने सिगाल को यह समझाया कि पश्चिम दिशा वास्तव में पत्नी होती है। पत्नी अपने पति पर पाँच तरह से अनुकंपा करती है। वह सारे कार्य भली-भाँति निपटाती है। वह सेवकों को वश में रखती है। वह स्वयं व्यभिचारिणी नहीं होती है। वह पति द्वारा अर्जित धन की रक्षा करती है। वह समस्त कार्यों में आलस रहित और दक्ष होती है।

उपयुक्त पाँच बातों को ध्यान में रखकर पति को पत्नी (पश्चिम दिशा) की सेवा पाँच प्रकार से करनी चाहिए। उसे पत्नी का सम्मान करना चाहिए। उसे पत्नी का अपमान नहीं करना चाहिए। उसे (परायी स्त्री के साथ) व्यभिचार नहीं करना चाहिए। उसे अपनी पत्नी को ऐश्वर्य प्रदान करना चाहिए। उसे अपनी पत्नी को गहने देने चाहिए।

उत्तर दिशा की व्याख्या करते हुए तथागत ने बताया कि यह दिशा मित्र-मंत्री की है। मित्र-मंत्री पाँच तरह से कुलपुत्र पर अनुकंपा करते हैं। वे आलस से उसे बचाते हैं। आलस करने वाले को बचाते हैं। उसके भयभीत होने की स्थिति में वे उसे शरण देते हैं। वे उसे आपदा में अकेला नहीं छोड़ते। अन्य लोग भी उसका सत्कार करते हैं।

उपयुक्त पाँच बातों को ध्यान में रखकर कुलपुत्र को मित्र-मंत्री रूपी उत्तर दिशा की पाँच प्रकार से सेवा करनी चाहिए। उन्हें दान देना चाहिए। उनसे प्रिय वचन बोलने चाहिए। उनका काम कर देना चाहिए। उनके प्रति समानता दिखानी चाहिए। उनमें विश्वास व्यक्त करना चाहिए।

इसी प्रकार दक्षिण के विषय में तथागत ने स्पष्ट किया कि यह आचार्य की दिशा है। आचार्य अथवा गुरु पाँच तरह से अपने शिष्य पर अनुकंपा करते हैं। वे शिष्य को सुविनय का गुण देते हैं। वे शिष्य को बहुत अच्छी

तरह से उत्तम शिक्षा देते हैं। वे शिष्य को यह सोचकर शिल्प की शिक्षा देते हैं कि इससे विद्याएँ पूर्ण रहेंगी। आचार्य ही मित्र मंत्रियों का अच्छा बोध कराते हैं। आचार्य दिशा की सुरक्षा करते हैं।

उपयुक्त पाँच बातों को ध्यान में रखकर शिष्य को आचार्य रूपी दक्षिण दिशा की पाँच प्रकार से सेवा करनी चाहिए। उसे उत्थान करना चाहिए। उसे आचार्य का सम्मान और उसकी सेवा करनी चाहिए। शिष्य को आचार्य अथवा गुरु से उत्तम उपदेश सुनने चाहिए। उसे सत्संग करना चाहिए। उसे सत्कार के साथ आचार्य से विद्या ग्रहण करनी चाहिए।

तथागत ने ऊपर की दिशा की व्याख्या करते हुए बताया कि यह श्रमण ब्राह्मण की दिशा है। श्रमण ब्राह्मण छह तरह से कुलपुत्र पर अनुकंपा करते हैं। वे उसे पाप कर्म से बचाते हैं। वे कुलपुत्र को सत्कर्म में लीन करते हैं। वे कुलपुत्र का कल्याण चाहते हैं। वे कुलपुत्र को ऐसी विद्या सुनाते हैं, जो उसने सुनी नहीं होती। जो विद्या कुलपुत्र ने सुनी होती है, श्रमण ब्राह्मण उसमें उचित संशोधन करते हैं। वे कुलपुत्र को स्वर्ग का मार्ग दिखाते हैं।

उपर्युक्त छह बातों को ध्यान में रखकर कुलपुत्र को श्रमण ब्राह्मण रूपी ऊपर की दिशा की छह तरह से सेवा करनी चाहिए। उसे मैत्री भाव से कायिक कर्म करना चाहिए। उसे मैत्री भाव से वाचिक कर्म करना चाहिए। उसे मैत्री भाव से मानसिक कर्म करना चाहिए। कुलपुत्र को श्रमण ब्राह्मण को भोजन, भिक्षा और दक्षिणा देनी चाहिए।

तथागत ने नीचे की दिशा के विषय में बताया कि यह दिशा सेवक की होती है। सेवक पाँच प्रकार से मालिक पर अनुकंपा करते हैं। वे मालिक से पहले सोकर उठ जाते हैं। वे मालिक के सोने के बाद ही सोते हैं। वे प्रदत्त धन को ले लेते हैं। वे अपने कार्यों को भली-भाँति निपटाते हैं। वे मालिक का यश फैलाते हैं।

उपर्युक्त पाँच बातों को ध्यान में रखकर मालिक को सेवक या नौकर रूपी नीचे की दिशा की पाँच प्रकार से सेवा करनी चाहिए। उसे सेवक से उसकी शारीरिक सामर्थ्य के अनुसार ही काम करवाना चाहिए। उसे सेवक

को भोजन और वेतन देना चाहिए। सेवक जब रोगग्रस्त हो तो मालिक को उसकी सहायता करनी चाहिए। उसे उत्तम फलों का रस देना चाहिए। उसे समय-समय पर विश्राम देना चाहिए।

दिशाओं की यह व्याख्या तथागत के मुख से सुनकर सिगाल चकित रह गया। उसने तो कभी इस प्रकार सोचा भी नहीं था। वह कोई गूढ़ार्थ न समझते हुए किसी सूक्ष्मार्थ को न जानते हुए दिशाओं को प्रणाम किए जा रहा था। वह तो बस इतना जानता था कि अपने पिता की अंतिम इच्छा का पालन कर रहा है, उसका सम्मान कर रहा है।

उसने तथागत बुद्ध से कहा, ''अद्‌भुत है भंते! अद्‌भुत है! जैसे कोई औंधे को सीधा कर दे। जैसे कोई आवृत को अनावृत कर दे। जैसे कोई भटके हुए को मार्ग बता दे। अंधकार में दीपक दिखा दे जिससे कि आँख वाले देख सकें। वैसे ही भंते, भगवान् ने अनेक प्रकार से धम्म को प्रकाशित किया। भंते! मैं भगवान् की शरण में जाता हूँ, धर्म की शरण में जाता हूँ और संघ की शरण में जाता हूँ। आज से भगवान् मुझे आजीवन आपकी शरण में आया उपासक स्वीकार करें।''

इस तरह सिगाल के जीवन की दिशा ही बदल गई।

□

१२

# पंथक का पंथ ग्रहण

प्राचीन काल में राजगृह में एक सेठ रहता था। उसकी एक पुत्री थी। वह युवा हुई तो अपने यहाँ काम करने वाले एक दास पर आसक्त हो गई। दोनों के बीच पहले नेह-संबंध बने और फिर देह-संबंध भी बन गए।

विवाह के लिए साहस चाहिए था। पिता से विद्रोह। समाज से विद्रोह। पता चल जाता तो पिता इस संबंध को पूर्ण विराम भी लगा सकते थे। दास की भी हिम्मत नहीं थी कि सेठ से अपने लिए उसकी कन्या का हाथ माँगता। उन दोनों ने बहुत सोचा-विचारा। दोनों इस निष्कर्ष पर पहुँचे कि उनका विधिवत् औपचारिक विवाह तो असंभव है, फिर उनके पास बस एक ही विकल्प बचता था कि वहाँ से भाग जाएँ। उन्होंने वही किया। एक दिन अवसर देखकर वे भाग निकले।

एक और मत के अनुसार उस काल में इस प्रकार के संबंध स्वीकार्य थे। दोनों को परिवार की, समाज की मान्यता थी। कुछ भी रहा हो, प्रसंग यह है कि सेठ-पुत्री और उस दास ने विवाह कर लिया। उनके दो पुत्र भी हुए। उनमें से बड़े का नाम महापंथक था।

महापंथक की माँ भले ही एक सेठपुत्री थी, उसका पिता तो दास ही था। इसलिए वह दासपुत्र ही कहलाता था। महापंथक को यह स्थिति अच्छी नहीं लगती थी। उसे अपनी यह परिस्थिति असहनीय, अस्वीकार्य थी।

महापंथक किसी प्रकार इस स्थिति से निकलना चाहता था। उसे दासपुत्र

कहलाना बिलकुल भी पसंद नहीं था। वह इस कलंक को धो देना चाहता था। वह इस लांछन से मुक्त हो जाना चाहता था।

महापंथक ने खूब सोच-विचारकर आर्य मार्ग को चुना। वह तथागत बुद्ध के सान्निध्य में पहुँच गया। उसने तथागत को देखा तो उसे घबड़ाहट हुई। फिर भगवान्  ने उसे उपदेश दिया। वह तथागत-वचन से अत्यधिक प्रभावित हुआ। उसने पुत्र, पत्नी, धन-संपदा को त्याग दिया। उसने अपना मुंडन करवा लिया। वह प्रव्रजित हो गया।

महापंथक के छोटे भाई का नाम चूलपंथक था। कहते हैं कि उनका जन्म मार्ग (पंथ) में हुआ था, इसलिए उनके ये नाम पड़े। चूलपंथक ने अपने बड़े भाई को तथागत की शरण में जाते देखा तो उसे भी जिज्ञासा हुई। उसने तथागत के आर्य मध्यम मार्ग का श्रमण किया तो उसे भी प्रव्रज्या प्राप्त करने की इच्छा हुई और फिर वह भी प्रव्रजित हो गया।

चूलपंथक ने प्रव्रज्या तो ग्रहण कर ली, किंतु उसकी गति कोई विशेष नहीं थी। वास्तव में चूलपंथक में प्रतिभा का अभाव था। वह इतना प्रज्ञा संपन्न नहीं था।

महापंथक अपने छोटे भाई चूलपंथक से निराश था। चूलपंथक मेधावी नहीं था। चूलपंथक की स्मरणशक्ति भी क्षीण थी। उसे आसानी से कुछ याद नहीं होता था।

एक बार जब तथागत शास्ता अपने विशाल भिक्खु संघ सहित जीवकाराम में विहार कर रहे थे, महापंथक ने चूलपंथक से एक गाथा (पद) सुनाने को कहा। महापंथक ने चार महीनों से चूलपंथक को वह गाथा याद करने को दी हुई थी, किंतु चूलपंथक उस गाथा को सुना नहीं पाया। उसे वह गाथा याद नहीं हो पाई थी। चार महीने का समय भी एक गाथा कंठस्थ करने के लिए उसे कम पड़ा था।

चूलपंथक को महापंथक की अप्रसन्नता का सामना करना पड़ा। महापंथक ने चूलपंथक की भर्त्सना की कि वह उक्त गाथा को कंठस्थ नहीं कर पाया। दरअसल महापंथक की चिंता यह भी थी कि अन्य भिक्खु चूलपंथक की इस

बुद्धिन्यूनता पर उसका उपहास करते थे।

ये भिक्खु महापंथक को भी टोकते थे कि स्वयं ज्ञानी होकर वह अपने छोटे भाई से चार महीने में एक पद कंठस्थ नहीं करवा पाया। महापंथक के लिए यह स्थिति असहनीय होती जा रही थी। उसे भिक्खुओं के आगे लज्जित होना पड़ता था।

अब इस बार भी जब चूलपंथक उस पद को नहीं सुना पाया तो महापंथक से रहा नहीं गया। उसने चूलपंथक को संघ से निष्काषित कर दिया और कह दिया,

"अब तुम घर जाओ।" महापंथक ने चूलपंथक से कहा, "जब तुम चार महीनों में एक गाथा कंठस्थ नहीं कर पाए तो धम्म में प्रगति कैसे करोगे? उप संपदा कैसे प्राप्त करोगे?"

चूलपंथक को बहुत निराशा हुई। वह तो पूरा प्रयास कर रहा था। इसमें उसका तो कोई दोष नहीं था। उसकी बुद्धि ही ऐसी थी। उसकी बौद्धिक सामर्थ्य ही क्षीण थी। वह सायास तो ऐसा नहीं कर रहा था। वह विवश था।

महापंथक ने उसे संघ से निष्कासन का आदेश सुना दिया तो चूलपंथक संघाराम के द्वार पर दुःखी मन से खड़ा हो गया। आदेश का पालन तो उसे करना ही होगा, किंतु यह लज्जास्पद था। वह अपने चीवर और अपने भिक्षा-पात्र के सम्मान की रक्षा नहीं कर पाया था। वह उदास था।

जब चूलपंथक इस प्रकार संघाराम के द्वार पर किंकर्तव्यविमूढ़ खड़ा था तो तथागत शास्ता वहाँ आ गए। उन्हें जब पूरी बात का पता चला तो उन्होंने चूलपंथक को ढाढ़स बँधाया। उन्होंने उसके सिर पर प्रेम से हाथ फेरा और उसे हाथ पकड़कर वापस संघाराम में ले गए। तथागत ने चूलपंथक को पैर पोंछने के काम आने वाला एक स्वच्छ वस्त्र दिया और उससे कहा कि वह उस पर ध्यान लगाए। चूलपंथक ने ऐसा ही किया।

एक अन्य मत के अनुसार, शास्ता ने चूलपंथक को एक श्वेत वस्त्र देकर उससे पूर्व की ओर मुख करके खड़े होने को कहा और यह भी कहा कि वह बार-बार उससे मुँह पोंछे। कहते हैं, जब वह वस्त्र इस प्रकार मलिन

हो गया तो चूलपंथक को ज्ञान प्राप्त हुआ। उसे ज्ञान प्राप्त हुआ कि यह उसकी काया का मैल है, जिसे उसे स्वच्छ करना होगा।

जो भी हुआ हो, वास्तविकता यही है कि चूलपंथक ने ध्यान-साधना पर अधिक श्रम किया और उच्चतम ज्ञान की स्थिति भी प्राप्त की। चूलपंथक ने थोड़े ही समय में अर्हत (संत) का पद प्राप्त कर लिया। इसकी कथा भी अत्यंत विलक्षण और रोचक है।

उन्हीं दिनों की बात है। वैद्यराज जीवक ने तथागत और उनके भिक्खु संघ को अपने यहाँ भोजन के लिए आमंत्रित किया था। तथागत ने उसके निमंत्रण को स्वीकार कर लिया था। वह नियत समय पर अपने भिक्खु संघ सहित वैद्यराज जीवक के निवास स्थान पर पहुँच गए।

जब भोजन परोसने की बारी आई तो तथागत ने रोक दिया। जीवक के पूछने पर तथागत ने कहा कि अभी सारे भिक्खु यहाँ नहीं पहुँचे हैं। विहार में अभी अनेक भिक्खु हैं। तथागत ने कहा कि उन भिक्खुओं को भी आ जाने दिया जाए। उसके बाद भोजन परोसा जाए।

भोजन प्रभारी महापंथक ने इसका प्रतिवाद किया। महापंथक ने कहा कि सारे भिक्खु आ चुके हैं। विहार में अब कोई भिक्खु नहीं है। महापंथक ने पूरे विश्वास के साथ अपनी बात कही, क्योंकि चूलपंथक को तो स्वयं महापंथक ने ही भिक्खु संघ से निष्कासित कर दिया था।

फिर भी तथागत अपनी बात पर अडिग थे। उन्होंने कहा कि विहार में उस समय भी अनेक भिक्खु थे, इसलिए एक आदमी को विहार भेजा गया।

वह आदमी विहार से लौटकर आया तो हतप्रभ और विस्मित था। उसने बताया कि विहार में तो एक हजार भिक्खु हैं, और वे सभी एक ही जाप कर रहे थे। तथागत के मुखारविंद पर रहस्यमयी मुसकान आ गई। उन्होंने आदेश दिया कि उनमें से चूलपंथक नाम के भिक्खु को ले आओ।

वह आदमी दोबारा विहार गया। उसने वैसा ही किया, जैसा तथागत का आदेश था। जिस भिक्खु ने स्वयं को चूलपंथक बताया, उस आदमी ने उसका हाथ पकड़ लिया। चूलपंथक नाम का दावा करने वाले भिक्खु का

हाथ पकड़ते ही अन्य सभी भिक्खु अदृश्य हो गए।

वस्तुत: इस बीच चूलपंथक ने कठोर साधना की थी। वह धम्म में रत रहा था। उसने समाधि का अभ्यास किया था। उसने अपनी दृष्टि को विशुद्ध कर लिया था। उसने अलौकिक मानसिक शक्ति अर्जित कर ली थी। वह दृश्य उसी ने रचा था। उसने विपश्यना से जान लिया था कि जीवक के निवास स्थान पर भोज का आयोजन हो रहा है।

इस प्रकार चूलपंथक को भोज-स्थल पर लाया गया। भोजन परोसा गया। महापंथक और अन्य भिक्खु भी चूलपंथक को देखकर विस्मित थे। क्या यह वही चूलपंथक है? तथागत मुसकरा रहे थे। उन्हीं की अनुकंपा से पूर्व के मंदबुद्धि चूलपंथक ने उच्च प्रज्ञा प्राप्त कर ली थी। तथागत की दृष्टि में सभी समान थे।

□

## १३

# सौंदर्य का सार

बुद्धकालीन राजगृह में एक विशिष्ट कन्या का जन्म हुआ। वह अत्यधिक रूपवती थी। इस कारण उसका नाम रखा गया 'शुभा'। यह वह शुभा नहीं थी, जिसका जन्म एक श्रेष्ठी परिवार में हुआ था।

इन दोनों बालाओं में अनेक समानताएँ थीं। दोनों का जन्म राजगृह में हुआ। दोनों अद्‌भुत रूपसी थीं। दोनों ने धर्ममार्ग का चयन किया। दोनों भिक्खुणी संघ में दाखिल हो गईं।

हमारी नायिका शुभा की कहानी अत्यंत मार्मिक है। उससे इस शुभा की चारित्रिक दृढ़ता का प्रमाण मिलता है। उसके जीवन की एक घटना उसे दूसरों से अलग करती है।

एक बार भिक्खुणी शुभा वैद्यराज जीवक के आम्रवन की ओर जा रही थी। रास्ते में एक आवारा युवक ने उसका रास्ता रोक लिया।

शुभा ने उससे कहा, "भाई! मैंने तुम्हारा क्या बुरा किया है कि तुम इस तरह मेरा रास्ता रोक रहे हो? जानते नहीं। अनासक्त भिक्खुणियों का स्पर्श करना पुरुषों के लिए उचित नहीं है? मैं निष्कलंक हूँ। मैं निर्मल हूँ। तुम क्यों मेरा रास्ता रोकते हो?"

किंतु वह युवक शुभा के रास्ते से नहीं हटा। उसने शुभा की बातों का कोई उत्तर भी नहीं दिया।

शुभा ने फिर कहा, "तुम्हारा मन मलिन है। मेरा हृदय शुद्ध है, तुम्हारे अंदर वासना है। मुझमें कोई वासना नहीं है। तुम कलंकित हो। मुझमें कोई

कलंक नहीं है। मेरा मन हर प्रकार से उन्मुक्त है। तुम मेरा रास्ता क्यों रोकते हो?''

तब उस युवक ने शुभा से कहा, ''तुम युवा हो। तुम निष्पाप हो। इस संसार त्याग से तुम्हारा क्या भला होगा? इन काषाय वस्त्रों को उतार फेंको। आओ, हम इस पुष्पित वन में आनंद का भोग करें। कुसुमरज से सुवासित ये वृक्ष चहुँ ओर मधुर गंध बिखेर रहे हैं। आओ, हम इस पुष्पित वन में आनंद का भोग करें।''

उस कामी पुरुष ने युवा और असीम रूप की रानी शुभा को इन शब्दों से फुसलाने-बहलाने का प्रयास किया। उसने शुभा का रास्ता नहीं छोड़ा। उसने आगे कहा, ''अपने मस्तक पर पुष्पगुच्छ उठाए ये वृक्ष पवन के झोंके से हिलकर कैसी मधुर ध्वनि उत्पन्न करते हैं! बताओ, इस वन में एकाकी विचरण करके तुम्हारी कौन सी साध पूरी होगी?''

जब शुभा ने कोई प्रतिक्रिया नहीं दी, कोई प्रत्युत्तर नहीं दिया तो उस युवक ने फिर कहा, ''बताओ तुम इस निर्जन, भयंकर, सघन वन में अकेली कैसे जा सकती हो, जिसमें विषैले जंतुओं का बाहुल्य है, जिसे यायावर और जंगली हाथी रौंदते रहते हैं?''

शुभा ने उसकी बात का फिर भी कोई उत्तर नहीं दिया। उस युवक का साहस बढ़ा। उसने निर्णय किया कि अभी उसकी पराजय नहीं हुई है। आस अभी शेष थी। बात अभी बन सकती है। इसलिए उसने फिर कहा, ''तुम इस वन में सोने की गुड़िया जैसी घूम रही हो अथवा तुम कुबेर के उद्यान की अप्सरा हो। हे अतुल सुंदरी! तुम्हें तो सुंदर, सुथरे रेशमी वस्त्रों में सज्जित होना चाहिए था।''

शुभा को इस लंपट युवक की बातों से अरुचि हो रही थी। इन कुत्सित वचनों पर उसे रोष आ रहा था। इस पापी का दुस्साहस कैसे हुआ! अभी वह कुछ कहने को उद्यत हो ही रही थी कि उस युवक ने अपना प्रलाप फिर शुरू कर दिया—''प्रिये! यदि तुम मेरे साथ इस वनभूमि में चलोगी तो मैं सदा तुम्हारा सेवक बनकर तुम्हारी सेवा करूँगा। हे अप्सरा जैसे नयनोंवाली!

मैं इस धरती पर मात्र तुमसे प्रेम करता हूँ। प्रिये! यदि तुम मेरी बात से सहमत हो तो आओ, हम गृहस्थ बन जाते हैं। तुम मेरे शांत सुरक्षित प्रासाद में सुख से रहोगी। वहाँ अनेक दासियाँ तुम्हारी सेवा करेंगी।''

शुभा ने फिर भी कुछ नहीं कहा। उसे इस दुराचारी के दुस्साहस पर आश्चर्य हो रहा था। उसे इस पापी की ऐसी ओछी हरकत पर दया भी आ रही थी। भिक्खुणी होने के नाते क्रोध तो उसके मन में शीश उठा नहीं पा रहा था, किंतु वह हैरान थी।

उधर उस युवक का प्रलाप बंद ही नहीं हो रहा था। वह अंट-शंट बके ही जा रहा था। वह कह रहा था—''प्रिये! तुम्हें वाराणसी के श्रेष्ठ वस्त्र पहनने को मिलेंगे। तुम सुवासित पुष्पों के हार पहनोगी। तुम अपनी काया पर सौंदर्यवर्धक उबटन लगाओगी। हे रूपसी! मैं तुम्हारे लिए सोने, रत्नों और मोतियों के ढेरों आभूषण बनवाऊँगा।''

वह फिर बोला, ''तुम कीमती शय्या पर सोओगी, जिस पर चंदन का आवरण होगा, सुगंधों की सुवास होगी। उस पर नए-नए तकिए होंगे। मुलायम ऊनी चादर होगी। उस पर स्वच्छ, सुंदर, अच्छी तरह से धुला चँदोवा होगा।''

उसने अपनी बात पर और भी बल देते हुए कहा, ''अन्यथा हे भिक्खुणी! तुम अपनी शुद्ध और क्वाँरी काया लेकर ही बूढ़ी हो जाओगी, जो एक ऐसे पद्म पुष्प के समान है, जिसे किसी पुरुष ने स्पर्श नहीं किया है और जिसे जल से निकाल लिया गया है।''

अब भिक्खुणी शुभा के लिए उस कामी, दुराचारी युवक के वचन असहनीय हो गए। उसका इतना दुस्साहस! क्या उसे संसार में काम-भोग के अतिरिक्त कुछ दिखाई नहीं देता! क्या वह इतना अंधा, इतना अज्ञानी है! अब उसे कहना ही पड़ा—''अरे मूर्ख! तुम जिस काया पर आसक्त हो रहे हो, वह और कुछ नहीं, मात्र एक लाश है, जिसमें मांस और अन्य मलिनताएँ भरी हैं। इससे मात्र श्मशान में वृद्धि होती है और यह क्षणभंगुर भी है। इस देह में ऐसा क्या है, जो तुम इतने मोहित हो रहे हो?''

उस पुरुष की आँखों पर मोह का परदा पड़ा था। उसके मन पर अज्ञान

का परदा पड़ा था। उसे कुछ नहीं दिख रहा था। उसे कुछ नहीं सूझ रहा था। उसकी वासना ने उसे हठी बना दिया था। उसने फिर भी हार नहीं मानी। वह मूर्खता में अड़ा रहा। उसने फिर कहा, ''हे रूपसी! तुम्हारे नयन हिरनी जैसे हैं अथवा जैसे पर्वतों के बीच कोई अप्सरा बैठी हो। ये नयन मेरी वासना को भड़का रहे हैं। इन नयनों ने ही मुझे तुम पर आसक्त किया है। ये नयन तुम्हारे मुख पर शुद्ध-स्वर्णिम सुशोभित हैं। इनकी आभा पद्‍म-कलिका को भी फीकी कर देने वाली है। हे अप्सरा जैसे नयनों वाली! हे सुदंरी! तुम्हारी भ्रू कितनी बड़ी हैं! कितने मादक नयन हैं तुम्हारे!''

शुभा कुछ समझ नहीं पा रही थी। क्या यह युवक विक्षिप्त हो गया है? वह इस माया-मोह को कितना पीछे छोड़ आई है! उसके लिए तो यह सब असार हो चुका है। ये बातें उसके लिए व्यर्थ हैं। वह इस नासमझ पुरुष की बातों पर ध्यान नहीं देना चाह रही थी, फिर भी वह कहे जा रहा था, ''तुम मुझसे दूर हो जाओ, तब भी मैं तुम्हें भूल नहीं पाऊँगा। इस लोक में मुझे सबसे अधिक प्यारी तुम्हारी ये दो सुंदर आँखें हैं।''

शुभा उसकी इन चिकनी-चुपड़ी बातों से बिलकुल भी प्रभावित नहीं हो रही थी। वह स्थिर चित्त थी। वह तो सत्य मार्ग पर आरूढ़ थी। उस दुष्ट पुरुष के बोले शब्द शुभा के लिए असहनीय हो रहे थे। उसने उससे कहा, ''अरे दुष्ट! तुम उस मार्ग पर चलना चाहते हो, जो है ही नहीं। यह तो वैसे ही है जैसे तुम चंद्रमा को खिलौना समझने पर तुले हो। मूर्ख! बुद्ध-पुत्री का पीछा करके और उसे पाने की इच्छा करके तुम सुमेरू पर्वत को लाँघना चाह रहे हो।''

वह युवक शुभा के इन वचनों को भी मधुरामृत समझकर उनका रसपान करने लगा। शुभा के मुख से निकलते शब्दों में उसे देवालय की घंटियों की ध्वनि सुनाई दे रही थी। वह तन्मय होकर उसके एक-एक शब्द को सुनने लगा, सुनता गया।

वह कह रही थी—''देखो, मनुष्यलोक या देवलोक में भी ऐसा कुछ नहीं है, जो मुझमें वासना उत्पन्न कर सके। मुझे तो यह ज्ञान भी नहीं है कि

आसक्ति क्या होती है। राग क्या होता है। मैं आर्य मार्ग पर आरूढ़ हो चुकी हूँ। मैं राग का समूल नाश कर चुकी हूँ, सदा के लिए।''

दुष्ट युवक को शुभा की बातों में आनंद मिल रहा था। उसने अपनी आशा अभी छोड़ी नहीं थी। कन्याएँ, स्त्रियाँ पहले इसी तरह की बातें करती हैं। एक बार में थोड़े ही निर्लज्ज हो सकती हैं वे। धीरे-धीरे ही तो खुलती हैं संकोची स्त्रियाँ, फिर यह तो भिक्खुणी है। संसार को, सांसारिक इच्छाओं को त्यागकर आई है। थोड़ा समय तो लगेगा ही। वह इस प्रकार स्वयं को सांत्वना दे रहा था कि उसे शुभा के ये शब्द सुनाई दिए—''मुझे ज्ञान नहीं कि फेंक दिए गए जलते कोयले के समान अथवा उँड़ेल दिए गए विष-चषक के समान मेरी इच्छा, मेरी वासना कहाँ विलुप्त हो गई है। मुझे तो यह भी ज्ञात नहीं है कि वासना होती कैसी है। आर्य-मार्ग पर आरूढ़ होकर मैंने इसे सदा के लिए समूल नष्ट कर दिया है।''

शुभा ने बातों-बातों में उस दुष्ट को संदेश भी दे दिया। शुभा ने कहा, ''अच्छा होगा कि तुम किसी ऐसी स्त्री को फुसलाओ, जिसने सत्य का संज्ञान नहीं किया है। जिसे शास्ता ने उपदेश नहीं दिया है। मेरे पास तो ज्ञान की शक्ति है। मैं जानती हूँ, तुम मुझसे पराजित हो जाओगे।''

फिर शुभा ने और भी स्पष्ट करते हुए अपना पक्ष रखा। उसने कहा, ''निंदा हो अथवा प्रशंसा, सुख हो अथवा दुःख, मेरी सचेतनता सदा मेरे साथ होती है। मैंने इस सत्य को समझा है कि जो कुछ संस्कारित है, वह सब अशुभ है। अकल्याणकारी है। इसलिए मैंने स्वयं को संस्कारों से मुक्त कर लिया है। मेरा मन इस सांसारिक जीवन में कहीं भी लिप्त नहीं है।''

फिर शुभा ने आगे कहा, ''क्या तुम्हें ज्ञात नहीं कि मैं सुगत अर्थात् बुद्ध की श्राविका हूँ, शिष्या हूँ? मैं आर्य आष्टांगिक मार्ग का अनुसरण करती हूँ? मैंने स्वयं से वासना के तीर को निकाल फेंका है। वासनाओं और मानसिक द्वंद्व से मुक्त होकर मैं एकांत स्थलों में ध्यान साधना करती हूँ। मैं इसी से आनंद प्राप्ति की इच्छा करती हूँ।''

शुभा ने अपनी बात को और भी स्पष्ट करने के लिए कठपुतली के

उदाहरण का सहारा लिया। उसने उस युवक से कहा, "एक बार मैंने एक कठपुतली देखी। यह बड़ी कुशलता से धागों से बँधी थी। मैंने देखा, वह तरह-तरह से सुंदर ढंग से नृत्य कर रही थी, फिर उस कठपुतली के धागे हटा लिये गए तो वह कठपुतली बिखर गई और टूटकर टुकड़े-टुकड़े हो गई। अब मुझे यह बताओ, इस टूटी कठपुतली का कौन सा हिस्सा तुम्हें मोहित करता है?"

शुभा ने इसे और भी स्पष्ट करते हुए सीधे-सीधे कहा, "इसी तरह ही मनुष्य की काया है। इसका संचालन भी उसी ढंग से हो रहा है। इसके विभिन्न तत्त्व और कार्य धम्म की अवस्थाओं पर आधारित हैं। यदि इन अवस्थाओं का उदय नहीं होता तो इस काया के अंग भी टूटकर बिखर जाते। अब मुझे यह बताओ, इन टूटे अंगों में से कौन सा अंग तुम्हें मोहित कर सकता है?"

दुष्ट पुरुष उसे देखे जा रहा था। वह शुभा की बातों को एकटक सुने जा रहा था। उसे शुभा के सुंदर मुख से झरते इन वचनों की सुंदरता पर विस्मय हो रहा था। सच, शुभा हर तरह से सुंदर थी। वह और भी सतर्क होकर शुभा की बात सुनने लगा।

वह कह रही थी—"यह शरीर दीवार पर बनी एक चित्राकृति के समान है, जिसे हरा रँगा गया है, किंतु तुम उसे वास्तविक समझ रहे हो। मूर्ख! यह मात्र तुम्हारी अज्ञानी, अनुपयुक्त, अशुद्ध दृष्टि है। यह तुम्हारा एक निरर्थक और मिथ्या ज्ञान है। तुमने स्वप्निल अवस्था में एक स्वर्ण वृक्ष देख लिया है और तुम अंधे होकर उसका पीछा कर रहे हो। हे अंधे! तुम मायावी नाम के पीछे भाग रहे हो।"

उसने आगे कहा, "तुम मिथ्या, असार माया के पीछे भाग रहे हो, जिसे जादूगर ने जादू से एक अज्ञानी भीड़ के सामने रचा है। तुम इसे वास्तविक और अनमोल मान रहे हो।"

इतना कुछ बोलने के बाद शुभा ने उस कामी युवक से यह पूछा कि उसे उसका कौन सा अंग सर्वाधिक प्रिय है। उसने शुभा को बताया कि वैसे

तो उसे उसकी समूची देह ही मदमस्त लगती है। उसका तो अंग-प्रत्यंग मादक है। उसके तो एक-एक अंग से मादक रस टपकता है। वह तो सौंदर्य और यौवन की साक्षात् प्रतिमा है, किंतु सच पूछा जाए तो मुझे शुभा के दो नयन सर्वाधिक सुंदर लगे। इन्होंने मेरे हृदय को बींध दिया था। वह उसके लिए तड़प रहा था। इन आँखों से बढ़कर इस लोक में कुछ नहीं था। वह इनके लिए कुछ भी दे सकता था—अपनी जान भी!

शुभा ने कहा कि उसे अपनी जान देने की आवश्यकता नहीं है। उसने उस युवक से कहा, ''ये नयन क्या हैं? मात्र दो विवरों में स्थित और अश्रुओं से सिंचित एक आर्द्र बुलबुला। एक वृक्ष की कोटर में स्थित एक लघु कंदक के समान, जिससे एक चिपचिपा पदार्थ निकलता है। इन अश्रुओं और कीचड़ आदि के संशलिष्ट पिंड को आँख कहते हैं। इससे अधिक ये कुछ नहीं हैं।''

यह कहते हुए रूपवती शुभा ने निर्विकार भाव से अपनी आँखें निकालीं और इससे पहले कि वह कुछ समझ पाता, उस पुरुष के हाथों में दे दीं।

''ये रही मेरी आँखें। ले लो इन्हें!'' शुभा ने कहा।

वह दुष्ट युवक यह देखकर अवाक् रह गया। उसकी वासना का ज्वार ठंडा पड़ गया। उसने शुभा से क्षमा माँगी। उसने वचन दिया कि भविष्य में वह ऐसा कुकृत्य कभी नहीं करेगा। उसने शुभा का आलिंगन करने की, उसका स्पर्श करने की हठपूर्ण इच्छा त्याग दी। उसने कहा, ''बहन! तुमने मेरे पाप पर घोर प्रहार किया है। मैं एक ज्वलंत अग्नि का आलिंगन करने जा रहा था। एक विषैले सर्प को छूने जा रहा था। बहन! तुम्हें स्वास्थ्य लाभ हो। मुझे क्षमा करना। सदा सुखी रहो।''

और भिक्खुणी शुभा के सान्निध्य से उस कपटी पुरुष को भी आत्मशुद्धि का मार्ग मिल गया।

□

१४

# जिसका उसको अर्पण

एक था आक्रोशक। उसे आक्रोशक इसलिए कहते थे, क्योंकि उसमें बहुत आक्रोश था। वह बात-बात पर और कभी-कभी तो बिना किसी बात के ही क्रोधित हो जाता था। वास्तव में आक्रोश उसका स्वभाव ही बन गया था।

आक्रोशक अपने धर्म, अपने पंथ में अगाध श्रद्धा रखता था। सच तो यह है कि अन्य पंथों के लिए उसके मन में तनिक भी सद्भाव नहीं था। विपंथियों को वह सहन नहीं कर पाता था। तथागत बुद्ध से, उनके सद्धर्म से तो वह कुछ अधिक ही चिढ़ता था। खिसियाता था।

इस वैमनस्य भाव का कारण क्या था, यह तो वही जानता होगा। शायद यह पंथ उसके अपने पंथ को कहीं काटता था। शायद उसका कट्टरपन उसे किसी और सिद्धांत को स्वीकारने की, उसके समक्ष नतमस्तक होने की अनुमति नहीं देता था। शायद उसमें हीन-भावना घर कर गई थी। शायद तथागत बुद्ध की कीर्ति, उनकी लोकप्रियता से अप्रसन्न था वह।

कारण जो भी रहा हो, आक्रोशक अपने परिचितों और मित्र-बांधवों को मुंडक श्रमण गौतम बुद्ध से दूर रहने की सलाह देता था। वह उनसे कहता था, ''मुंडक मायावी है। वह अपने बेढंगे, बेतुके उपदेशों से लोगों को भ्रमित कर देता है। वह अपनी स्निग्ध वाणी से सबको सम्मोहित कर देता है। वह जादूगर है। उससे बचकर रहने में ही भलाई है। नहीं तो तुम्हें भी भ्रष्ट होने में देर नहीं लगेगी। सतर्क रहो, सावधान रहो। युगों से जिस

धर्म को तुम मानते आ रहे हो, वह सनातन है। वह सत्य है। उस पर अडिग रहना। उसे मत त्यागना, अन्यथा तुम्हारा विनाश सुनिश्चित है। यदि तुम धर्मभ्रष्ट हुए तो नरक के भागी बनोगे।''

लोग आक्रोशक की बातों को सुनते। कुछ उसे सही भी मानते। सजातीय सधर्मी लोगों को उसकी बातें कभी-कभी प्रभावित भी करती थीं। वे बुद्ध से भयभीत रहते थे। बुद्ध से बचते थे। उनके लिए बुद्ध एक चतुर मुंडक थे।

अपने धर्म के लोगों में आक्रोशक का खूब आना-जाना होता था। उनमें उसके कुछ निकट के मित्र थे। उन्हीं में राजगृह का एक गृहस्थ भी था। इस गृहस्थ का विवाह कोशल के एक श्रद्धालु परिवार की कन्या से हुआ। लड़की का नाम धनंजानी था। वह इस परिवार की एकमात्र कन्या थी। अपने परिवार में उसे भरपूर स्नेह मिला था। उसे किसी प्रकार के अभाव का सामना नहीं करना पड़ा था। उसके मायके में संपन्नता थी।

धनंजानी का परिवार उसके पति के परिवार से एक अर्थ में भिन्न था। जहाँ उसके पति के परिवार पर उस आक्रोशक का प्रभाव था और वे मुंडक गौतम के प्रति कोई आस्था नहीं रखते थे तथा उन्हें अपना विरोधी मानते थे, वहीं धनंजानी का परिवार किसी भी प्रकार के प्रतिकूल प्रभाव से मुक्त था और भंते भगवान् बुद्ध के प्रति उनकी अगाध आस्था थी और वे उन्हें अपना सर्वस्व मानते थे।

धनंजानी को संस्कार में बुद्ध की करुणा और मैत्री की सौगात मिली थी। वह बाल्यकाल से ही तथागत की मृदु देशनाएँ सुनती आई थी। उनके अमृत वचनों की वर्षा में वह कितनी ही बार भीगी थी। परिवार की छत्रछाया में धनंजानी ने तथागत के धम्म का श्रवण किया था। वह उनसे गहनता से प्रभावित थी।

धनंजानी निश्छल थी, भोली-भाली थी। तथागत की सम्यक् शिक्षाओं ने उसे और सँवार दिया था, निखार दिया था। तराशकर उसे अनमोल हीरा बना दिया था। वह किसी के भी जीवन को प्रकाशित कर सकती थी और

उसने ऐसा किया भी था। अब भी करती रहती थी।

अपने घर आने-जाने वालों और अपने परिवार के परिचितों, संबंधियों में से कितने ही व्यक्तियों को धनंजानी ने बुद्ध धर्म से परिचित कराया था। उन्हें सद्धम्म का ज्ञान दिया था। उन्हें आर्य मार्ग की ओर प्रवृत्त किया था और वे लोग धनंजानी की कृतज्ञता को स्वीकार कर भगवान् बुद्ध की शरण में चले गए थे। उनमें से अनेक उपासक बन गए थे।

अब धनंजानी का विवाह मगध की राजधानी राजगृह के उपर्युक्त गृहस्थ से हो गया था। घरवालों ने अपनी ओर से सबकुछ देखकर, पूर्ण संतुष्ट होकर धनंजानी का विवाह इस युवक से किया था। धर्म से लेकर धन-धान्य तक सबकुछ समान था। कोई असंगति नहीं थी। धनंजानी के परिवार को पता था कि मगध के राजा बिंबिसार तो तथागत के अनन्य भक्त हैं। उनके राज्य में तथागत के धम्म का बोलबाला है। 'पुत्री सुखी, संतुष्ट रहेगी ऐसे परिवेश में।' पिता ने सोचा, निर्णय किया और धनंजानी का विवाह उस सधर्मी युवक से कर दिया, किंतु आंतरिक सत्य कुछ और ही था।

ससुराल आकर धनंजानी ने स्वयं को उस अपरिचित, नए परिवेश के अनुसार ढालना शुरू किया। उसने ससुराल को समझा-बूझा। उसे कोई कठिनाई नहीं हुई। उसका स्वभाव ही ऐसा था। वह तो परायों को भी अपना बना लेती थी, फिर यह तो अब उसका अपना घर था।

ससुराल में सबकुछ ठीक-ठाक था। सबकुछ उसके अनुकूल था। सबकुछ उसके लिए अच्छा था। शुभ-शुभ था, किंतु···किंतु···।

यह 'किंतु' अपने आप में दुखद था। परेशानी पैदा करने वाला था, किंतु बुद्ध के प्रति, उनके धम्म के प्रति उसके पति की दृष्टि अलग थी। धनंजानी के लिए बुद्ध ओर धर्म दोनों अनन्य थे, किंतु उसके पति की दृष्टि में ये अशुभ थे। वह तो उठते-बैठते मुंडक को कोसता था। उस पर अपने मित्र आक्रोशक का बहुत प्रभाव था। वैसे भी बुद्ध के उपदेश उसे विधर्मी और पथ-भ्रष्टक लगते थे।

विवाह के प्रारंभिक दिनों में, जैसा कि स्वाभाविक था, पति-पत्नी में अंतरंग बातें हुईं। दोनों ने एक-दूसरे को समझने का, जानने का प्रयास किया। उन्होंने अपनी-अपनी रुचि-अरुचि के विषय में बताया और जाना भी। कहीं कोई विरोध नहीं था। कोई विसंगति नहीं थी। कोई विपरीतता नहीं थी। दोनों प्रसन्न थे। किंतु...किंतु...।

फिर वही किंतु! किंतु एक दिन उनका यह स्वप्न-महल भरभराकर गिरता सा लगा। बातों-बातों में अनायास ही धनंजानी के मुख से भगवान् बुद्ध की स्तुति के शब्द निकल गए। उसके लिए तो यह किंचित् भी अस्वाभाविक नहीं था। असहज नहीं था। उसने तो सोचा भी नहीं था कि बुद्ध वंदना को लेकर कभी पति के साथ उसका टकराव होगा। इसमें तो उसे क्लेश का कोई कारण दिखाई नहीं देता था, अपितु यह तो शुभता का, कल्याण का माध्यम था। इसमें तो सबको प्रसन्न होना चाहिए। आनंदित होना चाहिए। यह नाम तो सबको धन्य कर देने वाला था।

किंतु...किंतु यहाँ तो उसका अपना पति ही बुद्ध नाम के विरोध में खड़ा था। इतना बुरा लगा था उसे अपनी पत्नी धनंजानी के मुख से बुद्ध-स्तुति के उद्गार निकालना। इतना बुरा लगा था उसे इस कल्याणकारी नाम का उच्चारण!

धनंजानी एकबारगी तो स्तब्ध रह गई, हतप्रभ रह गई। यह तो बिलकुल अप्रत्याशित था, तो क्या उसका पति भी उन बुद्धिहीनों, अज्ञानियों की जमात में शामिल है, जो भगवान् बुद्ध के प्रति दुराग्रह पाले हुए हैं, जिन्हें तथागत में और उनके उपदेशित धम्म में बुराई दिखाई देती है? कमी दिखाई देती है? किंतु धनंजानी की यह स्तब्धता, यह हतप्रभता मात्र क्षणिक थी। उसने तुरंत अपने आपको संयत कर लिया। उसे स्वयं पर विश्वास था। वह जानती थी कि वह अपने पति को सन्मार्ग पर ले आएगी।

"आपको बुद्ध-वंदना इतनी बुरी लगी—क्यों?" पति को सामान्य होते देख धनंजानी ने प्रश्न किया।

"अब मेरे सामने उस मुंडक, उस वंचक का नाम कभी मत लेना।

उसके धम्म-वम्म की बात मुझसे मत करना। यह ठीक नहीं होगा।'' उसके पति का क्रोध फिर सतह पर आने लगा, किंतु धनंजानी इतनी जल्दी हार मानने वाली नहीं थी।

''किंतु, क्यों?'' उसने कहा।

''क्योंकि उस मुंडक की बातें पथ-भ्रष्ट करने वाली हैं। उसने अपना परिवार तो त्याग दिया है। अब वह दूसरों के परिवारों को भी खंडित कर रहा है। उनमें परस्पर विभाजन करवा रहा है। उनमें फूट डाल रहा है, फिर हमारे धर्म से उसकी बातें मेल नहीं खातीं। उसका दर्शन अस्थिर है। हमारा धर्म तो शाश्वत है, सनातन है। अपरिवर्तनीय है हमारा धर्म। हमारे शास्त्र-वचन अटल हैं, ध्रुव हैं। उनमें कोई संशोधन कैसे किया जा सकता है? तुम्हारे जैसे अबोध लोगों पर ही तो जादू कर रहा है वह मुंडक। वह छलिया है।''

''यह सब आप कैसे जानते हैं?''

''कैसे नहीं जानूँगा! धर्मालु विद्वानों में उठना-बैठना है मेरा। मुझे सब पता है।''

यह सब कहते हुए धनंजानी के पति के मन में उस आक्रोशक की छवि थी। उसकी बातें उसके मस्तिष्क में घूम रही थीं। आक्रोशक को प्रकांड पंडित, शास्त्रज्ञ, महान् विद्वान्, प्रखर धर्मज्ञानी और न जाने क्या-क्या मानता था वह। आक्रोशक कैसे गलत हो सकता था?

''क्या आपने कभी तथागत भगवान् बुद्ध के साक्षात् दर्शन किए हैं? उनके कल्याणकारी उपदेश को अपने कानों से सुना है?''

''मुझे क्या आवश्यकता है?''

''फिर आपने दूसरों की बातों पर विश्वास कैसे कर लिया? दूसरों के कानों और दूसरों की आँखों को अपनी मान्यता का आधार कैसे बना सकते हैं आप? क्या सुनिश्चितता है कि दूसरे जो कहेंगे, वह सत्य ही होगा?''

धनंजानी की बातें सुनकर उसका पति सोच में पड़ गया। तर्क तो पत्नी के सुसंगत ही थे। पति को शांत देख धनंजानी ने इस क्षण का लाभ उठाना उचित समझा।

"मेरे निवेदन पर एक कृपा करेंगे आप? मेरा एक परामर्श मानेंगे?"

"क्या?" पति ने क्रोध जताते हुए अन्यमनस्क भाव से कहा।

"एक बार आप स्वयं क्यों नहीं सुन आते तथागत भगवान् के उपदेश को? अपने कानों से सुनिए कि वे वास्तव में कहते क्या हैं। यदि आपको दुर्वचन लगें, यदि आपको मिथ्या-भाषण लगे तो वहीं फेंक आइएगा उनके वचनों को, किंतु जो भी निर्णय करना है, आप स्वयं कीजिए। किसी और की बातों में मत आइए। मुझे आप पर पूरा विश्वास है। मैं जानती हूँ कि आप में शुभाशुभ का विवेक है। मुझे आपकी प्रज्ञा पर भरोसा है। आप दूसरों की बातों से भ्रमित न हों। अपना मत स्वयं बनाएँ। एक बार अपनी पत्नी की भी मानकर देखें। यदि मेरी बातें मिथ्या निकलें और आपको तथागत भगवान् का धम्म, उनका दर्शन, उनकी देशना अरुचिकर, अमान्य लगे तो, उन्हें मत स्वीकार कीजिएगा। उसमें आपका क्या जाता है? यदि आपको लगे कि तथागत की बातें अशुभ, अकल्याणकारी, अस्वीकार्य हैं तो मुझे भी बताइएगा। मैं भी उनके सद्धम्म के मार्ग को त्याग दूँगी। किंतु आप एक बार तो श्रवण कीजिए तथागत के वचनों को।"

धनंजानी के पति के क्रोध का ज्वार उतार पर आ गया। उसे मन-ही-मन प्रसन्नता भी हो रही थी पत्नी के मुँह से यह सब सुनकर। 'इतनी समझदार है मेरी पत्नी! इतनी प्रज्ञावती है मेरी जीवन-संगिनी।' उसने विस्मय में स्वयं से कहा। उसने मन-ही-मन संकल्प कर लिया कि वह श्रवण गौतम का उपदेश सुनने अवश्य जाएगा, किंतु अपनी प्रसन्नता को प्रकट नहीं होने दिया उसने। अपने मनोभावों को उसने गुप्त ही रखा। उसका मुखमंडल भावहीन बना रहा।

"देखा जाएगा!" उसने कहा और पत्नी के सामने से हट गया। वह वहाँ से चला गया। उसे भय था कि यदि वह अपनी पत्नी के सान्निध्य में बना रहा तो उसके भाव व्यक्त हो जाएँगे और वह यह नहीं चाहता था। कम-से-कम अभी तो नहीं।

धनंजानी ने पति को इस प्रकार उठकर जाते देखा तो उसके मन में

अनेक भाव उठे। उनमें से एक यह था कि उसने एक पुण्य कर्म किया है, जिसका प्रतिफल उसे शीघ्र ही प्राप्त होगा। वह जानती थी कि उसकी बातें व्यर्थ नहीं जाएँगी।

हुआ भी यही।

उसका पति सीधे राजगृह के कलंदकनिवास पहुँच गया। उसने सुन रखा था कि श्रमण गौतम आजकल वहीं विहार कर रहे हैं।

वहाँ पहुँचकर धनंजानी के पति ने स्वयं को एक विशाल श्रावक सभा में पाया। इतनी विशाल संगत को देखकर ही उसके मन पर पहला अनुकूल प्रभाव पड़ा। ये सारे-के-सारे लोग तो मूर्ख, अज्ञानी नहीं हो सकते।

तथागत बुद्ध को देखकर तो उसका सारा संदेह जाता रहा। उनकी उपस्थिति ही सबकुछ कहे दे रही थी। भाषण की तो अब आवश्यकता ही नहीं थी, फिर भी वह उन अमृत वचनों के प्रलोभन से स्वयं को वंचित नहीं रख सका। वह वहीं बैठ गया। अमृत वर्षा में उसका उत्सुक मन नहा गया।

तथागत भगवान् के मधुर-वचनों से ओत-प्रोत वह घर लौटा।

घर पहुँचकर सबसे पहले उसने अपनी पत्नी का धन्यवाद किया। उसके प्रति असीम आभार व्यक्त किया। धनंजानी मुग्ध हो गई। पति के इस रूप को देख-समझकर तो उसका मन हर्षातिरेक से झूम गया। सही अर्थों में तो आज उसका विवाह पूर्ण हुआ था, सफल हुआ था। उसके विश्वास की जीत हुई थी।

धनंजानी के साथ उसके पति ने भी सद्धम्म को स्वीकार लिया। धनंजानी धम्म-मार्ग पर अपने पति को सहयात्री के रूप में पाकर अत्यंत हर्षित थी। उसे पति का साथ मिल गया तो स्वयं को और भी पूर्ण अनुभूति कर रही थी वह। मार्ग की सारी बाधाएँ हट चुकी थीं। अब निर्बाध विचरण कर सकती थी वह और उसका पति भी। किंतु···किंतु एक और किंतु था। एक और अवरोध शेष था।

आक्रोशक को जब यह पता चला कि उसका मित्र मुंडक श्रमण की

शरण में चला गया है। उसने गौतम के मायावी धर्म को अंगीकार कर लिया है तो उसका खून खौल उठा। उसका अपना ही मित्र! उसके धुर विरोधी पंथ-शिविर में! वह क्रोध से उबल पड़ा।

आक्रोशक के मित्र का जब विवाह हुआ था तो वह अत्यंत प्रसन्न था। उसे प्रसन्नता थी कि अब उसके मित्र के जीवन में स्थायित्व आएगा, स्थिरता आएगी। अपने ही धर्म की कन्या से मित्र का विवाह हो रहा है यह जानकर तो वह और भी आनंदित था। उसे प्रसन्नता थी कि अब उसका धर्म और पुष्ट होगा। एक और परिवार अब मुंडक श्रमण की विरोधी सेना में सम्मिलित होगा।

उसे क्या पता था। क्या पता था उसे कि विवाह के पश्चात् उसका मित्र विपरीत दिशा में चल पड़ेगा। उसे अपने मित्र पर क्रोध आ रहा था। उससे अधिक क्रोध उसे मित्र की पत्नी धनंजानी पर आ रहा था। ये औरतें होती ही ऐसी हैं। त्रियाचरित्र को कोसता हुआ वह अपने मित्र के घर की ओर चल पड़ा।

आक्रोशक ने अपने मित्र को आड़े हाथों लिया—"तुम भी भ्रष्ट हो गए! भूल गए अपनी परंपरा को तुम! क्या अच्छा दिखाई दिया तुमको उस मुंडक श्रमण में? उस पथ-भ्रष्टक धर्म में? मरो जाकर अब नरक में।" उसने अपने मित्र को खूब सुनाई। परोक्ष में उसने धनंजानी को इसके लिए उत्तरदायी ठहराया, फिर वह क्रोध में काँपता हुआ उधर चल दिया जहाँ तथागत बुद्ध विहार कर रहे थे।

तथागत बुद्ध ने आक्रोशक को इस दशा में आते देखा। वे निर्लिप्त रहे। उनके मुखारविंद पर वही चिरंतन शांति पसरी रही। यह देख आक्रोशक और भड़क गया। उसका आक्रोश इस तरह फूट पड़ा जैसे सदियों से अवरुद्ध कोई जलधारा उमड़ी हो।

आक्रोशक ने तथागत बुद्ध पर दुर्वचनों की, अपशब्दों की बौछार कर दी। उसने अपशब्द कहे। उसने तथागत बुद्ध पर आरोप लगाया कि वे भोले-भाले लोगों को बहका रहे हैं। उसने तथागत की आलोचना की कि

उन्होंने परंपरा में पलीता लगा दिया है। वे सबको बिगाड़ने पर तुले हैं। और भी न जाने क्या-क्या! कितने वर्षों की भड़ास आज निकल रही थी। तथागत ने भी उसे नहीं रोका। किसी और को भी उसे नहीं रोकने दिया।

बोलते-बोलते जब आक्रोशक पस्त हो गया तो ठहरकर तथागत को एकटक निहारने लगा। क्या वह प्रसन्न हो कि मुंडक श्रमण के पास उसकी बातों का कोई उत्तर नहीं था। क्या वह प्रसन्न हो कि उसने मुंडक श्रमण को परास्त कर दिया था? वह क्या समझे? क्योंकि श्रमण गौतम ने तो मौन धारण किया हुआ था। श्रमण गौतम के मुखमंडल पर तो कोई भाव ही नहीं था।

उधर तथागत बुद्ध को आक्रोशक पर दया आ रही थी। वे उसकी निरीहता को समझ रहे थे। उसके निर्बल आक्रोश को जान रहे थे। वे जान रहे थे कि भूमि तैयार है। वे जान रहे थे कि यह बीजारोपण का समय है।

"तुमने अपनी बात पूरी कर ली हो तो अब मैं कुछ कहूँ?" उन्होंने मैत्री भाव से आक्रोशक से कहा।

आक्रोशक ने कुछ नहीं कहा। वह तो बस तथागत बुद्ध के मुख को ताके जा रहा था।

"यह बताओ, क्या तुम्हारे यहाँ कभी कोई अतिथि या अन्य कोई आता है?"

"हाँ।"

"तो क्या तुम उसकी आवभगत करते हो? उसके स्वागत-सत्कार, उसके सम्मान में कुछ परोसते हो?"

"हाँ।"

"कभी-कभी उनमें से कोई अस्वीकार भी कर देता होगा?"

"हाँ, तो?"

"तो तुम उसका क्या करते हो? उस परोसी गई सामग्री का?"

"क्यों? सीधी सी बात है। उसे मैं रख लेता हूँ।"

"ठीक कहा तुमने, आवुस! जब कोई हमारी दी गई वस्तु नहीं लेता, उस अवस्था में उसे हम ही रख लेते हैं। उसी प्रकार तुम्हारे इन पुण्य वचनों को मैं अस्वीकार करता हूँ। ये सब तुम्हारे ही हुए। मैं इन्हें सधन्यवाद वापस करता हूँ। जिसका है उसको अर्पण! इन्हें तुम अपने ही पास रखो।"

आक्रोशक विस्मित हो गया। उससे कुछ कहते न बना। वह नत-मस्तक हो गया। उस एक क्षण ने उसके पूरे जीवन को विमल, विशुद्ध कर दिया।

□

१५

# यथा माता तथा सुत

राजगृह में एक सेठ था। धन-धान्य से पूर्ण घर था उसका। किसी प्रकार का अभाव नहीं था, समस्त सुख-सुविधाओं से संपन्न। संपत्ति-संपदा तो थी ही, मान-सम्मान भी पर्याप्त था। सुखी और प्रसन्न था वह।

सेठ के घर में एक कन्या का जन्म हुआ। सेठ ने उसके पालन-पोषण में कोई कमी नहीं रहने दी। उसके लिए वैभव और ऐश्वर्य के सभी साधन उपलब्ध कराए। उसे अपना भरपूर स्नेह भी दिया सेठ ने। काम-काज से जो समय बचता, उसमें से वह अपनी पुत्री के लिए कुछ अंश अवश्य रखता। उसकी पुत्री भी अपने पिता को बहुत प्रेम करती और उनका खूब आदर करती थी। वह अपने पिता की प्रत्येक आज्ञा का सविनय पालन करती। उसने अपने पिता की किसी भी बात की कभी अवहेलना नहीं की।

सेठपुत्री ऐसे ही अनुकूल परिवेश में बड़ी होने लगी, किंतु एक असाधारण बात यह रही कि उसे अपने पिता की संपदा या सुख-सुविधाओं में कोई आकर्षण नहीं दिखाई देता था। भौतिकता से उसे अरुचि थी। उसका मन सांसारिकता में बिलकुल भी नहीं लगता था। उसे यह जगत् मिथ्या, मायावी लगता था। एक प्रकार की विरक्ति उसमें घर कर गई थी। वह सबकुछ त्यागकर प्रव्रजित हो जाना चाहती थी।

पुत्री की इस प्रवृत्ति को, इस स्वभाव को देख-जानकर सेठ का चिंतित होना स्वाभाविक था। वह उसे किसी-न-किसी तरह से यह समझाने का प्रयास करता रहता था कि जो है, वह यही संसार है, यही समाज है। इसी

के रीति-रिवाजों के अनुसार हमें चलना है, जीना है। इससे हम अलग नहीं हो सकते। संन्यास सबके लिए नहीं है। गृहस्थ रहते हुए भी अपने इष्ट धर्म का पालन किया जा सकता है।

यही समझते-बूझते सेठ-पुत्री युवा हो गई। सेठ की चिंता अब उसके विवाह पर टिक गई। लड़की सुंदर थी, सुशील थी। विवाह ही उसका स्वाभाविक धर्म होना चाहिए था। ऐसी लड़की विवाह न करे यह तो असामान्य, अस्वाभाविक लगता था। पिता ने प्रयास शुरू कर दिए।

सेठ अपनी पुत्री से कुछ भी नहीं छिपा रहा था। उसकी आवश्यकता भी नहीं थी, अपितु वह तो अपनी पुत्री को जब-तब समझाता ही रहता था। वह उससे कहता रहता था कि विवाह तो जीवन का एक अनिवार्य चरण है। सभी को अनुकूल समय आने पर विवाह के बंधन में बँधना होता है। इसका अपवाद हो भी सकता है। किंतु कन्या जीवन में यह अपवाद अशुभ होगा। कन्याओं को तो अपनी उम्र अपने पति के सान्निध्य और संरक्षण में ही काटनी चाहिए।

पुत्री के अपने तर्क थे। अपने पिता का अनादर न करते हुए वह उन्हें आश्वस्त करने का प्रयास करती कि उनकी पुत्री कोई साधारण कन्या नहीं थी। उसका जीवन गृहस्थी में खटने के लिए नहीं था। गृहस्थी की चक्की में पिसने के लिए नहीं था। उसके जीवन का लक्ष्य कुछ और ही था। उसने अपनी आँखें तो उदात्त पर जमाई हुई थीं।

इसी तर्क-वितर्क में समय निकलता गया। पिता ने अपना प्रयास नहीं छोड़ा। उसने श्रेष्ठ घर-परिवार के एक योग्य युवक को अपनी पुत्री के लिए चुन लिया। पुत्री ने एक बार फिर प्रव्रजित होने की इच्छा व्यक्त की, किंतु पिता ने सस्नेह उसकी इच्छा की उपेक्षा कर दी। सेठ ने सभी प्रकार से अंतिम बार अपनी पुत्री को ऊँच-नीच समझाई। पुत्री ने अपनी आज्ञाकारिता को न त्यागते हुए पिता की आज्ञा को सिर-माथे लगाया, और वह प्रव्रजित न होकर विवाहित हो गई।

सेठ-पुत्री ने विधिवत् वैवाहिक जीवन की शुरुआत कर दी। उसने एक

आदर्श पत्नी की भूमिका अपना ली। उसने अपने पति के आगे समर्पण भी कर दिया, किंतु कुछ दिन व्यतीत होते ही उसे यह विचलित कर देने वाली अनुभूति हुई कि बैराग भाव ने उसे अभी छोड़ा नहीं था। प्रव्रज्या की उसकी इच्छा वैवाहिक सुखों के बीच भी दबी नहीं। उसने कितना ही प्रयास किया कि वह अपना पूरा ध्यान गृहस्थी में लगाए, पति को सुखी रखने में लगाए। उसने पति को अपनी ओर से कोई शिकायत भी नहीं होने दी, किंतु घूम-फिरकर वही ढाक के तीन पात! वैवाहिक गृहस्थ जीवन उसके लिए नहीं था। एक यही विचार उसके मन में बार-बार कौंधता था, उथल-पुथल मचाता था। क्या करे वह?

ऊहापोह की स्थिति ने उसे मथकर रख दिया। उसे व्यथित कर दिया। उसने अपने मन का खूब दमन किया, किंतु वह सफल नहीं हुई। हारकर उसने एक अंतिम निर्णय कर लिया।

एक दिन उसने साहस बटोरा, संकोच को झटका और अनुकूल अवसर देख पति से अपने मन की बात कह दी। उसने पति को बता दिया कि छोटी उम्र से ही वह प्रव्रज्या की इच्छा रखती थी। उसने अपने पिता को भी इस विषय में बताया था, किंतु उन्होंने उसे गंभीरता से नहीं लिया था और उसका विवाह कर दिया। उसने पिता की आज्ञा का सम्मान करते हुए ही विवाह के लिए हामी भरी थी, किंतु यह उसका इष्ट जीवन नहीं है। वह विवाह के बाद भी सच्चे अर्थ में गृहस्थ नहीं हो पा रही है। प्रव्रजित होने की इच्छा उसमें आज भी है। वह प्रव्रजित होने की आकांक्षी है।

"क्या आप मुझे इसकी अनुमति देंगे?" उसने अपने पति से कहा।

सेठ-पुत्री ने आधे मन से अपने पति से अनुमति माँगी, क्योंकि वह जानती-समझती थी कि कोई भी पुरुष अपने नए-नए वैवाहिक सुख को इतनी आसानी से नहीं छोड़ सकता, किंतु उसे अपने कानों पर, अपने आप पर विश्वास ही नहीं हुआ, जब उसके पति ने कह दिया, "हाँ।"

उसकी तो दुनिया ही बदल गई। वह प्रव्रजित हो गई। वह भिक्खुणी बन गई। वह भिक्खुणी संघ में शामिल हो गई।

भिक्खुणी संघ में शामिल होकर वह एक आदर्श भिक्खुणी की दिनचर्या में रम गई। अभी उसे इस नए जीवन में पदार्पण किए कुछ ही समय हुआ था कि एक दिन सब उलट-पुलट होता लगा। उसके वैवाहिक जीवन के चिह्न उसके पेट पर स्पष्ट उभरने लगे। वह गर्भवती थी! उसके गर्भ को लेकर तरह-तरह की बातें होने लगीं। लोग उसे धिक्कारने लगे। उस पर लांछन लगाने लगे। संघ के नियमों के अनुसार, वह इस अवस्था में संघ में नहीं रह सकती थी।

उसने अपने ऊपर उठती उँगलियों का खुलकर विरोध किया। वह दुष्चरित्र नहीं थी। यह गर्भ अवश्य ही उसे उसके पति से ठहर गया था। उसे इसका तत्काल ज्ञान नहीं हुआ था। उसी अबोधता में उसने प्रव्रज्या ग्रहण कर ली थी।

जैसा कि ऐसी स्थितियों में होता है, कुछ थे जो उसकी बातों का विश्वास करते थे और उसके पक्ष में थे, किंतु दूसरी ओर वे लोग थे, जो उसके चरित्र पर शंका कर रहे थे। वे चाहते थे कि उसे दुष्कर्म का दोषी घोषित करके संघ से निष्कासित कर दिया जाए। उनका मानना था कि इससे पूरे संघ की बदनामी होती है।

दोनों पक्ष जब अपनी-अपनी बात पर अड़े रहे और कोई भी किसी की सुनने को तैयार नहीं हुआ तो मामला अनुशासन समिति के पास पहुँचा। समिति की ओर से सेठ-कन्या की जाँच का दायित्व वरिष्ठ प्रतिष्ठित भिक्खुणियों में से एक को सौंपा गया। गर्भवती स्त्री ने अपना निश्छल पक्ष रखा।

सम्यक् परीक्षण और पूछताछ के उपरांत उस सेठ-कन्या को निर्दोष घोषित किया गया। वह भिक्खुणी बनी रही। उचित समय पर उसने एक पुत्र को जन्म दिया। कोशल नरेश के प्रासाद में उस बच्चे का पालन-पोषण हुआ। राजा के यहाँ पलने के कारण उसे कुमार कहा गया, नाम हुआ— कुमार काश्यप। उसकी परवरिश एक धाय ने की।

माँ के समान ही कुमार काश्यप बचपन से बैरागी प्रकृति का रहा। उसने

हठ करके अल्पायु में ही प्रव्रज्या ले ली।

कहते हैं कि कुमार काश्यप की माता भिक्खुणी धम्म में प्रवृत्त होकर भी अपने पुत्र को भूल नहीं पाई। वह पुत्र-मोह के बंधन से मुक्त नहीं हो पाई।

एक दिन जब माँ से नहीं रहा गया तो वह अपने पुत्र भिक्खु कुमार काश्यप के पीछे दौड़ी और गिर पड़ी। उठकर वह कुमार काश्यप के पास गई और अपनी ममता का प्रदर्शन करने लगी।

कुमार काश्यप ने जान लिया कि यह पुत्र-मोह ही माँ की मुक्ति में बाधक बना हुआ है। इस प्रकार प्रोत्साहित न करके कुमार काश्यप ने उसे झिड़क दिया। कुमार काश्यप ने उससे कहा कि जब वह मोह के बंधन को नहीं तोड़ सकती तो फिर इस मार्ग में क्यों आई थी?

कहते हैं, वहीं कुमार काश्यप की माँ को सर्वोच्च पद, सर्वोत्तम ज्ञान की प्राप्ति हो गई। आगे चलकर कुमार काश्यप भी उच्च आध्यात्मिक पद पर आसीन हुए।

□

१६

# नीच कौन

यह वह समय था जब स्थानीय समाज में जाति व्यवस्था अपनी जड़ें जमा चुकी थी। उसके वीभत्स रूप ने लोगों के मानस को जकड़ लिया था। वे इससे इतर सोचने की स्थिति में ही नहीं थे। इस विष-वृक्ष को सींचने का काम तत्कालीन धर्म गुरु खूब कर रहे थे।

ऐसे में तथागत बुद्ध ने अपना समतावादी दर्शन रखा, जो ऊँच-नीच के भेदभावपूर्ण प्रचलित चिंतन के बिलकुल विपरीत था। उन्होंने अपनी कथनी को करनी में भी परिणत किया। उन्होंने तथाकथित उच्च जाति के लोगों को प्रव्रजित किया, तो निम्न जाति के लोगों को भी।

तथागत बुद्ध ने अंधविश्वास और अन्य प्रचलित मान्यताओं पर भी प्रहार किया। वे चाहते थे कि मनुष्य अंधा बनकर बनी-बनाई लीक पर न चले, अपितु अपनी चिंतनशक्ति, अपनी तर्कबुद्धि का सम्यक् उपयोग करते हुए अपना मार्ग स्वयं तय करे।

तथागत बुद्ध ने लोगों को चिंतन के स्तर पर भी स्वावलंबन की शिक्षा दी। उन्होंने कहा, ''किसी बात पर केवल इसलिए विश्वास मत करो कि तुमने ऐसा सुना है। परंपराओं में इसलिए विश्वास मत करो कि वे पीढ़ियों से चली आ रही हैं। किसी बात पर इसलिए विश्वास मत करो कि अनेक व्यक्तियों ने उसे कहा है। किसी बात पर केवल इसलिए विश्वास मत करो कि तुम्हारे धर्मग्रंथों में ऐसा लिखा है। केवल अपने गुरुओं अथवा सयानों के कहने पर किसी बात में विश्वास मत करो, अपितु पहले देखो और

विश्लेषण करो और जब तुम्हें लगे कि कोई बात तर्क के अनुकूल है और समस्त प्राणियों के कल्याण एवं लाभ में सहायक है, तभी उसे स्वीकार करो और उसके अनुसार आचरण करो।''

इस प्रकार तथागत बुद्ध ने मनुष्य की आँखों से अज्ञान की पट्टी हटाई और उसे अपने विवेक, अपनी प्रज्ञा पर भरोसा करना सिखाया। उन्होंने अनात्म का सिद्धांत देकर आत्मा के अनिवार्य अस्तित्व पर भी प्रश्नचिह्न लगा दिया। उन्होंने समाज को यह भी बताया कि वे जिन्हें ब्राह्मण समझकर सम्मान देते और पूजते हैं, आवश्यक नहीं कि वे सच्चे ब्राह्मण हों। एक तो ब्राह्मण और अब्राह्मण अथवा सवर्ण और अवर्ण के भेद को ही तथागत नितांत अनावश्यक और खेदपूर्ण मानते थे। दूसरे इस भेद को मिटाने के पक्ष में भी थे।

तथागत बुद्ध एक बार श्रावस्ती के निकट अनाथपिंडिक के जेतवन विहार में ठहरे हुए थे। यह उन्हीं दिनों की घटना है। अग्गिक भारद्वाज नामक ब्राह्मण एक दिन आग जलाकर आहुति की तैयारी कर रहा था, तभी तथागत बुद्ध एक ओर से निकल पड़े।

अग्गिक भारद्वाज ने तथागत बुद्ध को अपनी ओर आते देखा तो उसे अत्यधिक क्षोभ हुआ। वह कुपित हो गया। ''ऐसा अशगुन! एक तो मुंडक, ऊपर से श्रमण! सर्वनाश!'' उसने बुद्ध को अपशब्द कह दिए—''मुंडक, वृषल! वहीं रुक जाओ!''

तथागत बुद्ध ने अग्गिक भारद्वाज से कहा, ''तुम्हें पता है ब्राह्मण, वृषल कौन होता है अथवा कौन सी बातें हैं जो किसी को वृषल बनाती हैं?''

अग्गिक भारद्वाज से कोई उत्तर देते नहीं बना।

''नहीं, मुझे नहीं पता,'' उसने कहा, ''यदि तुम्हें पता है तो मुझे भी बताओ। वृषल कौन होता है अथवा कौन सी बातें हैं जो किसी व्यक्ति को वृषल बनाती हैं?''

तब तथागत बुद्ध ने अग्गिक भारद्वाज के समक्ष ब्राह्मण और वृषल अर्थात् अवर्ण को परिभाषित करते हुए उनका भेद स्पष्ट किया। यह अपने

आप में एक अनूठी, अभूतपूर्व व्याख्या थी।

बुद्ध ने कहा, "ठीक है, मैं तुम्हें बताऊँगा। मेरी बात ध्यान से सुनो और इसे अपने ध्यान में रखना।"

बुद्ध ने बताया कि यदि कोई व्यक्ति क्रोध में प्रवृत्त रहता है, यदि वह दुष्टता का व्यवहार करता है, यदि वह विपन्न दृष्टि है और यदि वह धोखेबाज है तो समझ लो वह व्यक्ति वृषल है।

बुद्ध ने कहा कि यदि कोई व्यक्ति किसी भी व्यक्ति को आहत करता है, चाहे वह एकल हो अथवा द्विज और यदि किसी व्यक्ति में प्राणियों के प्रति कोई प्रेम नहीं है तो ऐसा व्यक्ति वृषल होता है।

बुद्ध ने आगे कहा कि यदि कोई व्यक्ति विनाशकारी है, यदि वह गाँवों और निगमों को घेरता है और वहाँ रहने वालों को धमकाता है। यदि कोई एक आतंकी रूप में कुख्यात है तो समझना चाहिए कि वह व्यक्ति वृषल है।

भारद्वाज बहुत ध्यान से बुद्ध-वचनों को सुन रहा था। तथागत बुद्ध ने अवर्ण की व्याख्या करते हुए आगे कहा कि चाहे गाँव में हो अथवा वन में, यदि कोई व्यक्ति किसी दूसरे की वस्तु चुराता है और जो कुछ उसे नहीं दिया गया है, उसे लेता है, तो ऐसे व्यक्ति को वृषल समझना चाहिए।

इसी प्रकार तथागत बुद्ध ने वृषल अर्थात् अवर्ण के अनेक लक्षण गिनाए। उनके अनुसार, सच में अवर्ण वह होता है—जो ऋण लेकर लौटाने के नाम पर आनाकानी करता है। जो किसी तुच्छ वस्तु के लिए किसी राहगीर की हत्या करता है। जो किसी लोभ में झूठी गवाही देता है। जो जबरन या सहमति से परस्त्रीगमन करता है। जो संपन्न होने पर भी अपने वृद्ध अथवा असहाय माता-पिता की देखभाल नहीं करता है। जो अपने माता-पिता, भाई-बहन अथवा सास-ससुर को शारीरिक यातना देता है या उनसे कठोर वचन बोलता है। जो परामर्श के रूप में शील के बजाय हानिकारक बात बताता है।

भारद्वाज को तथागत बुद्ध की बातें प्रभावित कर रही थीं। उन्होंने सवर्ण-अवर्ण की पारंपरिक परिभाषा को एकदम उलटकर ही रख दिया था। अग्गिक

भारद्वाज ने परिवार–पुराणियों से और प्राचीन ग्रंथों से जो सीखा था, वह सब अब मिथ्या और निराधार जान पड़ रहा था। वह अपलक शाक्यमुनि बुद्ध को ताके जा रहा था और उनके वचनों का तन्मयता से श्रवण कर रहा था।

बुद्ध बता रहे थे कि अवर्ण कौन होता है। उनके अनुसार, वास्तव में अवर्ण वह होता है—जो गलत काम करके उसे छिपाता है। जो दूसरे के घर स्वादिष्ट भोजन ग्रहण करके अपनी बारी में उस व्यक्ति का अपने घर में समुचित सत्कार नहीं करता। जो झूठ बोलकर किसी ब्राह्मण, श्रमण अथवा अन्य किसी परिव्राजक को धोखा देता है। जो भोजन के समय पधारे किसी ब्राह्मण अथवा श्रमण को फटकारता है और उसे उसकी भिक्षा नहीं देता। जो अज्ञानवश तुच्छ लाभ हेतु मिथ्याचार करता है।

बुद्ध देख रहे थे कि उनकी बातें व्यर्थ नहीं जा रही हैं। वे जान रहे थे कि वे जो बीज डाल रहे हैं, वह बंजर या पथरीली भूमि पर नहीं, अपितु उर्वर मिट्टी में जा रहा है और अवश्य ही फल लानेवाला होगा। इसलिए वे भी पूरे उत्साह, पूरी रुचि से बोलते रहे। उन्होंने आगे बताया कि वास्तव में अवर्ण अर्थात् वृषल वह होता है—जो अभिमानवश स्वयं की प्रशंसा करते हुए दूसरों की अवमानना करता है। जो क्रोधी प्रकृति का, कृपण, दुराचारी, लोभी, निंदक, निर्लज्ज, गलत काम में निडर होता है। वास्तव में नीच तो वह होता है जो बुद्ध अथवा उनके शिष्यों अथवा किसी परिव्राजक या गृहस्थ की निंदा करता है।

तथागत बुद्ध ने वृषल की परिभाषा और व्याख्या करते हुए ब्राह्मण अग्गिक भारद्वाज से कहा कि सच में नीच वह होता है—जो स्वयं संत अथवा अर्हत न होते हुए भी ऐसा होने का दावा करता है। वह संपूर्ण लोक का वंचक होता है। सच में वह निकृष्टतम वृषल होता है।

तथागत बुद्ध ने अपनी व्याख्या की पुष्टि हेतु एक तथाकथित नीच कुल में जन्मे सोपाक का उदाहरण दिया। प्रसंगवश, सोपाक का जन्म श्मशान में हुआ था। उसकी गर्भवती माँ भूख से अचेत हो गई थी, जिसे मृत समझ लोगों ने वहाँ फेंक दिया था। एक डोम ने सोपाक की परवरिश की थी। वह

अल्पायु में तथागत बुद्ध के हाथों प्रव्रजित हुआ था। उसने धम्म में बहुत उन्नति की और उच्चतम् पद प्राप्त किया।

तथागत बुद्ध ने अग्गिक भारद्वाज से कहा कि सोपाक फिर मातंग के रूप में विख्यात हुआ। उसने दुर्लभ उच्चतम् पद प्राप्त किया। क्षत्रिय और ब्राह्मण उसकी सेवा में रहे। दिव्य रथ पर आरूढ़ हो और क्लेश का त्याग कर उसने ब्रह्मलोक में विचरण किया। इसमें उसका जन्म बाधक नहीं बना।

सोपाक का उदाहरण देकर तथागत बुद्ध ने अग्गिक भारद्वाज से कहा कि शास्त्रों में पारंगत ब्राह्मणों को भी बहुधा दुष्कर्म करते देखा गया है। उनमें तो इसी जन्म में दोष पाया जाता है। उच्च कुल में जन्म के कारण वे दुःख या दोष से बच नहीं सकते।

अग्गिक को संबोधित अपने उपदेश का समापन करते हुए तथागत बुद्ध ने कहा कि कोई व्यक्ति जन्म के आधार पर नीच नहीं हो जाता। कोई व्यक्ति जन्म के आधार पर ब्राह्मण नहीं होता। तथागत बुद्ध के अनुसार, कर्म ही व्यक्ति को वृषल या ब्राह्मण (अर्थात् श्रेष्ठ) बनाते हैं।

बुद्ध की इस शिक्षा को अग्गिक भारद्वाज ने सविनय अंगीकार और आत्मसात् किया। बुद्ध की यह शिक्षा आनेवाली पीढ़ियों के लिए भी थी। यह उपदेश सुनने के बाद अग्गिक भारद्वाज ने स्वयं को बुद्ध, धम्म और संघ के शरणागत कर दिया था।

□

## १७

# वैशाली की शोभा

उस दिन समृद्ध, संपन्न, सुंदर और सुविख्यात वैशाली का राजमार्ग रथों के पहियों की घनघोर घड़घड़ाहट से कंपायमान था और सारा वातावरण उससे गुंजायमान हो रहा था। रथों का एक कारवाँ जो वैशाली से अभी थोड़ी देर पहले निकला था, वापस वैशाली में प्रवेश कर रहा था। इस समय रथों में अपेक्षाकृत अधिक वेग था। अधिक गति थी। इसी कारण अब ध्वनि भी अधिक ही हो रही थी।

यह रथ-समूह अभी वैशाली की ओर बढ़ ही रहा था कि सामने से कुछ और सुसज्जित रथ आते दिखाई दिए। इन वैभवशाली रथों पर लिच्छवि राजवंश के कुमार आसीन थे। रंग-बिरंगे सुंदर, बहुमूल्य वस्त्राभूषणों से लदे ये सुंदर, ओजस्वी राजकुमार देवताओं के समान आभामंडल से घिरे थे। उनके हाव-भाव में उनके राजत्व का अभिमान स्पष्ट झलकता था। उन्हें सामने से आते रथों के समूह को देखकर विस्मय हुआ।

यह विस्मय उन रथों की गति को देखकर था। उनके सामने कभी किसी का प्रतियोगिता करने का दुस्साहस नहीं होता था। अच्छे-अच्छे महारथी उनके आगे सुस्त पड़ जाते थे, किंतु ये किसके रथ थे ?

लिच्छवि कुमार यह देखकर दंग रह गए कि इस समूह के सबसे अगले रथ पर वह अद्वितीय रूपसी विराजमान थी, जो वर्तमान में वैशाली की शोभा थी। जो वैशाली की समृद्धि, संपन्नता और ख्याति के कुछ कारणों में से एक थी। राजकुमारों की तुलना में वह कहीं भी, कैसे भी उन्नीस नहीं बैठती थी।

लिच्छवि कुमार तब और हतप्रभ रह गए जब उस रूपवती के रथ का धुरा उनके रथों के धुरों से और उसके रथ का चक्का उनके रथों के चक्कों से टकराया। उनके रथों को टक्कर मारता उस सुंदरी का रथ तेजी से विपरीत दिशा में बढ़ा तो राजकुमारों ने उसे उसकी इस 'धृष्टता' के लिए टोक ही दिया। उन्होंने इसका कारण जानना चाहा। उस रूपसी के मुखमंडल पर अभिमान, अवमानना, अवज्ञा, और उपहास के हाव-भाव तैर गए।

कौन थी वह रूपसी ?

इस प्रश्न के उत्तर के लिए हमें कुछ दशक पीछे लौटना होगा।

उन दिनों वैशाली गणराज्य अपने वैभव और सौंदर्य के लिए विख्यात था। हरी-भरी वैशाली के सभी धनिकों और राजपरिवारों के पास अपना-अपना उद्यान था। आम्रकुंजों की वहाँ बहुलता थी।

ऐसे ही एक राजसी आम्रकुंज में जब एक सुबह वहाँ के माली ने प्रवेश किया तो उसके विस्मय की सीमा न रही। किसी कोने से उसे एक शिशु के रोने जैसी आवाज आई। वह आवाज की दिशा में आगे बढ़ चला। वह उस वृक्ष के निकट जा पहुँचा जहाँ से यह कर्णप्रिय आवाज आ रही थी।

माली यह देखकर दंग रह गया कि वृक्ष के नीचे बहुमूल्य वस्त्र में लिपटा एक सुंदर नवजात शिशु पड़ा था। उसने मन-ही-मन उस क्रूर माता को धिक्कारा, जो इस सुकोमल सुकुमार शिशु को इस अवस्था में यहाँ छोड़ गई थी। उसने अनुमान लगाया कि अवश्य ही यह किसी की अवांछित संतान है। कन्या थी यह !

माली ने उस नवजात कन्या को उठा लिया और पितृवत् स्नेह में भरकर उसे सीने से लगा लिया। बच्ची मानव शरीर की गरमाहट पाकर शांत हो गई। उसे आश्रय मिल गया था। अपने-पराए का अंतर शिशु-मन कहाँ जानता है !

वह भला पुरुष उस बच्ची को अपने घर ले आया। उसने पत्नी को सबकुछ स्पष्ट बताते हुए उसकी गोद में वह बच्ची दे दी। उसकी तो जैसे चिर-संचित मनोकामना पूरी हो गई। माली दंपती के कोई संतान नहीं थी। विवाह के अनेक वर्ष व्यतीत हो जाने पर भी उन्हें संतान सुख की प्राप्ति नहीं हुई थी। इस अधेड़

अवस्था में वे इसकी आशा भी छोड़ चुके थे। अब यह बच्ची सुयोग से उनको प्राप्त हो गई थी। अब वे भी माता-पिता बन गए थे। इससे बड़ी खुशी उन्हें क्या हो सकती थी? उन्होंने इस खुशी को प्रकृति का वरदान मान सिर-माथे लगाया और उसकी परवरिश में जुट गए।

पालक पिता ने अपनी हैसियत के अनुसार उस बालिका को यथासंभव सुख-सुविधाएँ देने का भरसक प्रयास किया। किंतु बालिका के लिए वह पर्याप्त नहीं प्रतीत होता था। वह तो गुदड़ी में अनमोल मोती के समान थी। किसी भी प्रकार वह माली-मालिन की पुत्री तो लगती ही नहीं थी और वह थी भी नहीं। उसके नखरे उसके पालक माता-पिता की समझ से, उनकी सामर्थ्य से परे थे।

बचपन में ही कन्या के भावी रूप के लक्षण दिखने लगे थे। वह अपनी वय की लड़कियों से सर्वथा भिन्न थी। वह असाधारण थी। गुणों की उसकी पोटली में न जाने कितने ही विलक्षण रत्न थे। उन्हें समझ पाना उसके पालक माता-पिता के बूते की बात नहीं थी। जैसे-जैसे वह बड़ी हो रही थी, उनकी दुविधा भी बड़ी होती जा रही थी। वे दिन-रात दुश्चिंताओं में घिरे रहते। पुरुष और परिवार का मुखिया होने के नाते पालक पिता के लिए तो यह एक ऐसा बोझ बनता जा रहा था, जिसे वहन करना उसके लिए असंभव था। उसे चिंता सताए जा रही थी।

उसकी यह चिंता अनुचित तो बिलकुल नहीं थी। लड़की ने यौवनावस्था में पदार्पण किया तो उसके अंग-अंग से रूप का ज्वार फूट पड़ा, किंतु पालक पिता के लिए उसका यह रूप भय का कारण था। उसे हर समय किसी अनहोनी का भय सताता रहता था। उसका भय निर्मूल नहीं था, क्योंकि उस लड़की के रूप की चर्चा आसपास ही नहीं, दूर-दूर तक होने लगी थी।

असीम रूप-यौवन की स्वामिनी उस लड़की के कितने ही दीवाने हो गए। कितने ही दावेदार खड़े हो गए उसकी अपार रूप-राशि के। पिता असमंजस और ऊहापोह की स्थिति में फँसा किसी चमत्कारिक समाधान की बाट जोहता रहा। इधर उस कन्या को पाने को बेताब प्रेमियों की तादाद बढ़ती गई। उनके बीच प्रतिस्पर्धा बढ़ती गई। प्रतिद्वंद्विता हिंसक होने लगी।

सेठों-धनिकों के पुत्र, राजकुमार, युवराज और राजा, जिसने भी उसके रूप के विषय में सुना, जाना था, उसे देखा, वही उसकी कामना करने लगा। पिता ने उसके बारे में विचार किया, किंतु कोई भी प्रत्याशी उसे हाथ से जाने देने को तैयार नहीं था। सभी उसे पाना चाहते थे, परंतु विवाह तो एक से ही हो सकता था। स्थिति यह थी कि कोई झुकने को तैयार नहीं था। कोई पीछे हटने को तैयार नहीं था, कोई त्याग करने को तैयार नहीं था। नौबत मार-काट तक जा पहुँची।

लिच्छवियों को समझाना आसान तो क्या, संभव ही नहीं था। वे दंभी, दुस्साहसी और हठी थे। बात-बात पर आपा खो देना उनका स्वभाव था। उनसे टकराने की हिम्मत किसी में नहीं थी। कोई इस विषय में सोच भी नहीं सकता था।

यह पूरा मामला एक पहेली, एक गुत्थी जैसा हो गया था, जिसे सुलझाना कठिन था। अब तो यह दिखाई दे रहा था कि यह प्रकरण किसी-न-किसी की बलि लेकर ही समाप्त होगा। लग रहा था कि इसमें किसी-न-किसी की जान जाएगी। स्वयं उस लड़की की जान पर बन आई थी। 'मेरी नहीं तो, तेरी भी नहीं' वाली स्थिति उत्पन्न हो गई थी।

बहुत तर्क-वितर्क, बहुत वाद-विवाद, बहुत विचार-विमर्श के बाद जिस प्रस्ताव पर सहमति बनती दिखाई दी, वह कम-से-कम लड़की की दृष्टि से तो अमान्य थी। अदम्य, अनम्य, सशक्त, साधन-संपन्न और प्रभावशाली दावेदारों के बीच परस्पर सहमति यह बनी कि कन्या को साझा संपत्ति मान लिया जाए। सभी उसका भोग करें।

इस प्रकार वह रूपवती और गुणवती कन्या एक गणिका बन गई। करने को तो वह प्रतिरोध कर सकती थी, विरोध कर सकती थी, विद्रोह कर सकती थी, किंतु उसने अपने (दत्तक) पिता की असहाय स्थिति को देखा। उनकी विवशता को देखा। उनकी लाचारी को देखा और देखा, गणराज्य में अनावश्यक रक्तपात की आशंका को। परस्पर युद्ध की संभावना को!

गणिका बनकर तो जैसे उसने पुरुष जाति से प्रतिशोध को, उनके शोषण

को अपना ध्येय बना लिया। उसने एक गणिका के रूप में अपार धन-संपदा कमाई, यश-वैभव कमाया। पुरुष लोग उसके रूप-रस का पान करने के लिए कोई भी कीमत चुकाने को तैयार रहते। उसने अपना भव्य निवास बनवाया। उसने बाह्यांचल में एक विशाल और सुंदर आम्रवन भी बनवाया।

यह आम्रवन बनवाने के पीछे शायद उसके बचपन की स्मृतियाँ थीं। उसे पता था कि वह एक आम्रवन में ही पाई गई थी। वह आम्रवन में ही पाली गई थी, तभी तो उसे यह नाम मिला था—आम्रपाली।

जी हाँ! कहानी के आरंभ में हमने रथों के समूह में सबसे आगे विराजमान जिस स्त्री को देखा था, वह आम्रपाली ही थी। कुछ के लिए गणिका या वैशाली की नगर वधू, तो कुछ के लिए जनपद कल्याणी या वैशाली की शोभा।

लिच्छवि कुमारों के रथों के धुरे से धुरा और चक्के से चक्का टकराता उसका रथ आगे बढ़ा तो उन राजकुमारों ने उसे टोका।

आम्रपाली ने राजकुमारों को बताया कि तथागत बुद्ध उसके आम्रवन में आए हुए हैं और वह उन्हीं के दर्शन करके लौट रही है। उसने करुणांनिधि तथागत को अपने यहाँ भोजन का निमंत्रण भी दिया है।

''तो क्या उन्होंने स्वीकार कर लिया?''

''हाँ! वह कल अपने भिक्खु संघ सहित मेरे यहाँ भोजन ग्रहण करने आ रहे हैं।''

''किंतु हम भी तो वहीं जा रहे हैं। हम भी तथागत को भोजन का निमंत्रण देंगे।''

''कल के लिए नहीं। कल तो वे मेरे यहाँ आ रहे हैं।''

''परंतु पहले वह हमारे महल में आएँगे।''

''ऐसा नहीं होगा। तथागत अपनी बात से कभी पलटेंगे नहीं।''

''हम राजकुमार हैं। राजवंश के हैं। किसी गणिका का राजवंश से क्या मुकाबला? तुम हमारी बराबरी कैसे कर सकती हो?''

''तथागत की दृष्टि में सब बराबर हैं।''

''उन्हें हमारी महानता, हमारी श्रेष्ठता का ज्ञान है। हमारी बात को वे

ठुकरा ही नहीं सकते।''

''तो फिर प्रयास करके देख लो न।'' आम्रपाली ने लिच्छवि राजकुमारों को चिढ़ाया। वे मन मसोसकर रह गए, किंतु करते भी क्या!

''इतना दंभ न करो। आमंत्रण तो हमारा ही स्वीकृत होगा। तुम चाहो तो हम तुम्हें मुँहमाँगी स्वर्ण मुद्राएँ दे सकते हैं। एक गणिका के लिए धन से बढ़कर और क्या हो सकता है? बोलो, कितने में दोगी यह भोज हमें?''

''पूरा साम्राज्य दे दो, फिर भी नहीं।'' आम्रपाली ने तड़ाक से पलटकर कहा और रथ को दौड़ा दिया।

लिच्छवि कुमार अपना सा मुँह लेकर रह गए, फिर भी उनका दंभ उन्हें हार मानने की अनुमति देने वाला नहीं था। उनके पास धन था। उनके पास वैभव था। उनके पास ऐश्वर्य था, और सबसे बड़ी बात, उनके पास राजशक्ति थी। एक मामूली गणिका उनके सामने क्या टिक सकती थी? उसकी औकात ही क्या थी?

इसी तरह, तिलमिलाते, तमतमाते वे लिच्छवि कुमार वहाँ पहुँच गए जहाँ तथागत बुद्ध विहार कर रहे थे। रथों से उतरकर वे तथागत के निकट पहुँचे और उन्हें प्रणाम कर एक ओर बैठ गए।

राजकुमारों ने तथागत को अगले दिन के लिए भोजन का निमंत्रण दिया, जिसे तथागत ने यह कहते हुए ठुकरा दिया कि वे पहले ही उस दिन के भोजन के लिए आम्रपाली को अपनी स्वीकृति दे चुके हैं। उसमें अब कोई परिवर्तन असंभव है। लिच्छवि कुमारों ने आम्रपाली के हाथों, एक 'मामूली गणिका' के हाथों अपनी पराजय स्वीकार कर ली।

तथागत नियत समय पर वैशाली के यहाँ भोजन ग्रहण करने पहुँचे। उन्होंने उपदेश दिया। आम्रपाली प्रभावित हुई। उसने अपना आम्रवन बुद्ध और उनके भिक्खु संघ को समर्पित कर दिया। वह प्रव्रजित हुई और बुद्ध शासन में उसने उच्चतम् पद प्राप्त किया। वह वास्तव में वैशाली की शोभा बन गई।

□

१८

# यशोगाथा

कठोर तपश्चर्या में छह वर्ष व्यतीत कर देने के उपरांत सिद्धार्थ को स्व उत्पीड़न की निरर्थकता और असारता का ज्ञान हुआ। तप करते-करते उनका शरीर क्षीण हो गया था। सीने की अस्थियाँ स्पष्ट दिखने लगी थीं। पीठ और पेट मिलकर एक हो गए थे। पीठ पकड़ते तो पेट हाथ में आता। और पेट पकड़ते तो पीठ पकड़ में आती थी। नहीं, ऐसे नहीं चल सकता, वे इस निष्कर्ष पर पहुँचे। इस तरह तो वे उस परम ज्ञान को प्राप्त नहीं कर सकते, जिसकी खोज में उन्होंने अभिनिष्क्रमण किया था।

समुचित सोच-विचार करके उन्होंने कोरी तपश्चर्या का मार्ग त्याग दिया। उन्होंने स्वयं मध्यम मार्ग का अन्वेषण किया। जो दो अंतों अर्थात् निरंतर भोग-विलास और निरंतर स्व-उत्पीड़न के बीच का रास्ता था।

जब उन्होंने तपश्चर्या का मार्ग त्यागा तो उन पाँच साथियों ने उनको त्याग दिया, जो उन्हें होनहार महान् संत समझकर उनके साथ लगे हुए थे, किंतु सिद्धार्थ अपने प्रयास से विचलित नहीं हुए। भले ही वे पाँच—जो पंचवर्गीय भिक्षु कहलाए—उन्हें 'पथ से भटक गया' मानकर उनका साथ छोड़ गए, फिर भी उन्होंने अपना संघर्ष जारी रखा और वे सफल हो गए। उन्होंने बोधि लाभ किया और 'बुद्ध' हो गए।

बुद्ध बनने पर उनके मन में यह विचार आया कि जो परम ज्ञान उन्होंने प्राप्त किया है, उस ज्ञान का उन्हें प्रचार-प्रसार करना चाहिए। प्रश्न उपस्थित हुआ, यह ज्ञान किसे दें? उनका ध्यान उन पाँच की ओर गया, जो दिग्भ्रांत

समझ उन्हें छोड़ गए थे। उन्होंने उन पाँच को उपदेश देने का मन बना लिया।

परम ज्ञानी बुद्ध ऋषिपत्तन के निकट मृगदाव में जा पहुँचे। उनके वे पाँचों पुराने साथी वहीं थे। उन्होंने निश्चय कर रखा था कि वे इस श्रमण का सत्कार नहीं देंगे। उसको कोई महत्त्व नहीं देंगे। बुद्ध को अपनी ओर आते देख उन्होंने अपने मन को और भी कठोर बना लिया, किंतु उनकी छवि ने उन्हें द्रवित कर दिया। वे सारी आपत्तियाँ, उलाहने भूल बुद्ध के आगे नत-मस्तक हो गए।

बुद्ध ने अपना प्रथम उपदेश इन पंचवर्गीय भिक्खुओं को ही दिया। उनका यह उपदेश 'धर्म चक्र प्रवर्तन' के नाम से विख्यात है। इस उपदेश में उन्होंने स्वयं प्रतिपादित मध्यम मार्ग की व्याख्या की। बुद्ध के उपदेश से प्रभावित हो उन पाँचों ने बुद्ध की शिष्यता ग्रहण की। वे बुद्ध के शरणागत हो गए। यह प्रसंग बनारस के निकट का है।

उन दिनों बनारस में एक धनी सेठ रहता था। उसका एक इकलौता पुत्र था। उसका नाम था यश। कहना न होगा कि यश को समस्त प्रकार की सुख-सुविधाएँ प्राप्त थीं। उसके पास अकूत धन-संपदा थी, अपार वैभव था, असीम ऐश्वर्य था। एक इशारे पर संसार की कोई भी भौतिक निधि उसके लिए उपस्थित हो जाती थी।

पिता ने यश के लिए सभी सांसारिक सुख के साधन जुटा रखे थे। बाह्य परिवेश की कोई समस्या, कोई कठिनाई उसे छू तक नहीं सकती थी। पिता का पूरा प्रयास था कि 'दुःख' नाम की कोई अनुभूति उसे कभी हो ही नहीं। यश के दिन इस प्रकार सुख की छाँव में ही कट रहे थे।

सेठ पिता ने यश की तरुणाई में उसका विवाह कर दिया था, जिससे कि वह भोग-विलास की सुखद सुहानी क्रीड़ाओं में मग्न रहे। पत्नी के अतिरिक्त कितनी ही अन्य कमसिन और रूपवती बालाएँ थीं, जो उसकी हर प्रकार की सेवा के लिए सहर्ष तत्पर रहती थीं। पिता का अभिप्राय था कि उनका इकलौता पुत्र किसी प्रकार ऊबे नहीं। उसे किसी प्रकार से अरुचि न हो।

विडंबना यही है कि मनुष्य के जीवन में जिस वस्तु की, जिस बात की अति होती है, वह एक दिन उससे ऊब जाता है। यौवन का नया-नया उत्साह जब तक रहा, नई-नई उमंग और ऊर्जा जब तक रही, यश ने रूप-रस का छककर पान किया। उसके दिन-रात के अधिकांश क्षण उन नवयुवा रूपसियों के सान्निध्य में व्यतीत होते थे। वह उन्हीं के रूप-पाश में सोता और उन्हीं के रूप-पाश में जागता था। उसके लिए निरंतर इस झुंड में बदलाव होता रहता जिससे कि वह ऊबे नहीं! एक युवक को इससे अधिक और किस वस्तु की इच्छा हो सकती है। खूबसूरत बालाओं के इस झुंड में संगीत और कला की साधिकाएँ भी थीं।

एक रात यश की नींद उचट गई। उसने अपने आसपास दृष्टि डाली। उसकी आँखों ने जो देखा, उससे उसके मन में घोर वितृष्णा उत्पन्न हुई। उसके आसपास उसकी वे सुंदर सेविकाएँ बेसुध पड़ी थीं। उन्हें अपने अंग-प्रत्यंग का कोई होश नहीं था। वस्त्र इधर-उधर पड़े थे। उघड़े तनों में कोई आकर्षण नहीं था। वे वीभत्स दृश्य उत्पन्न कर रही थीं।

क्या यही सौंदर्य है? यही यौवन है? यही जीवन है? जीवन का लक्ष्य यही है क्या? यश के मन में अनेक प्रश्न शूल की तरह चुभने लगे। एकबारगी वह व्यथित हो गया। दुःख की एक तीव्र अनुभूति ने उसके मानस को मथकर रख दिया। उसे लगा, वह मानसिक संतुलन खो देगा। वह कुंठित हो गया।

यश को सबकुछ असार, बेकार लगने लगा। क्या अर्थ है इस जीने का? क्या सार्थकता है इन सुखों की? क्या महत्त्व है इस भोग-विलास का। उसका मन हुआ, वह सबकुछ छोड़-छाड़कर कहीं भाग जाए। इस घृणित परिवेश से कहीं दूर, जहाँ उसे मानसिक शांति मिल सकें।

"हा संताप···हा पीड़ा!" कहते हुए वह घर से निकल गया। इस दमघोंटू वातावरण से शीघ्रातिशीघ्र दूर हो जाना चाहता था। यहाँ से यथाशीघ्र भाग जाना चाहता था वह।

इस प्रकार "हा संताप···हा पीड़ा!" कहता और निश्वास भरता यश

जब घर से निकल गया तो वह वहाँ पहुँच गया जहाँ बुद्ध उन दिनों विहार कर रहे थे।

बुद्ध ने यश को उस प्रथम उजास में देखा और उसका व्यथित प्रलाप सुना तो, उनकी करुणा जाग गई।

''यहाँ कोई संताप नहीं है। यहाँ कोई पीड़ा नहीं है।'' उन्होंने अनुकंपा से ओत-प्रोत अपनी मधुर वाणी में यश को संबोधित किया।

करुणानिधि बुद्ध के इन शब्दों ने यश के दग्ध मन पर सांत्वना की शीतल फुहार छोड़ी। उसका संताप हलका हुआ। उसके दु:खी मन को थोड़ी शांति मिली।

तब बुद्ध ने यश को सम्यक् उपदेश दिया। उपदेश सुनकर यश का सारा संताप जाता रहा। उसका व्यथित मन शांत हो गया।

जब भोर हुई और यश अपनी सेज पर नहीं मिला तो सेठ के महल में हड़कंप मच गया।

'यश कहाँ है ? कहाँ गया यश ?' की गूँज सब ओर फैल गई। परिवार चिंता में डूब गया। यह असामान्य था। पहले तो ऐसा कभी नहीं हुआ था।

सभी दिशाओं में लोग दौड़ाए गए। यश का सेठ पिता स्वयं उसकी खोज में निकल पड़ा। यश को ढूँढ़ते-ढूँढ़ते वह उसी दिशा में निकल आया जहाँ बुद्ध विराजमान थे।

सेठ ने अपने पुत्र के विषय में बुद्ध से पूछा। उन्होंने सेठ को आश्वासन दिया कि वह अपने पुत्र को अवश्य देखेगा। बुद्ध ने सुअवसर देख यश के पिता को भी अपनी धीर-गंभीर वाणी में सम्यक् उपदेश दिया। सेठ उस उपदेश को सुनकर प्रमुदित हो गया। उसके प्रज्ञाचक्षु खुल गए। उसे वह सब दिखाई दे गया, जो वह अपनी शारीरिक आँखों से अभी तक नहीं देख पाया था। वह तत्काल बुद्ध धम्म का उपासक बन गया।

उधर यश पर इस उपदेश का इतना प्रभाव हुआ कि उसने बुद्ध की शरण ग्रहण कर ली। वह बुद्ध-ज्ञान के उच्च्च पद पर आसीन हो गया, तब बुद्ध ने यश को उसके पिता के सम्मुख प्रकट किया। पितृप्रेम और आसक्ति

पर नियंत्रण करते हुए सेठ ने बुद्ध के प्रति आभार व्यक्त किया। उसने बुद्ध और उनके नवनिर्मित संघ को भोज पर आमंत्रित किया। बुद्ध ने इस निमंत्रण को स्वीकार कर सेठ को कृतार्थ किया।

भोज के अवसर पर यश की माँ और पत्नी ने भी बुद्ध का उपदेश सुना। उन पर भी वांछित प्रभाव हुआ। वे बुद्ध की शरणागत हुईं और उनकी प्रथम उपासिकाएँ बनने का गौरव प्राप्त किया। इस प्रकार यश का पूरा परिवार तथागत बुद्ध का अनुयायी बन गया। यही नहीं, यश के चार घनिष्ठ मित्र भी उसका अनुसरण करते हुए बुद्ध की शरण में आ गए और विधिवत् प्रव्रजित होकर उच्चतम् पद पर आसीन हुए। इसके अतिरिक्त यश के पचास अन्य मित्र भी यश से प्रेरित होकर प्रव्रजित हो गए।

□

१९

# प्रायश्चित्त और प्रतिशोध

कालचक्र घूमता है तो किसी की परवाह नहीं करता। राजा-रंक, ऊँच नीच, जात-कुजात, वह किसी भेद को नहीं मानता। जीवन सर्वोच्च, सर्वोत्तम होता है। किंतु कोई व्यक्ति किस रूप में जन्म लेता है और अपने जीवन को आगे बढ़ाता है—यह सर्वथा महत्त्वपूर्ण नहीं होता। किसी व्यक्ति का जन्म अथवा जीवन कैसा रहा है, इससे उसका अंत भी नियंत्रित, विनियमित और निर्धारित होगा—यह अनिवार्य नहीं है। कभी-कभी जन्म और मृत्यु—जीवन के ये दो छोर बिलकुल भिन्न होते हैं। उनके रंग, रूप में व्यापक अंतर होता है, भिन्नता होती है।

प्रसेनजित् का चरित्र इसका ज्वलंत उदाहरण है। प्रसेनजित् का जन्म कोशल राज्य के राज-परिवार में हुआ था। उसके पिता राजा महाकोशल थे। राजकुमार प्रसेनजित् प्रतिभाशाली और योग्य था। उसने तक्षशिला में अपनी औपचारिक शिक्षा प्राप्त की। उसकी असाधारण योग्यता को देखकर उसके पिता ने अपने जीवनकाल में ही उसे राजा बना दिया, उसका राज्याभिषेक कर दिया था।

कहते हैं, एक बार उसने तथागत बुद्ध के सम्यक् संबुद्ध पर ही यह कहकर प्रश्न चिह्न लगा दिया कि वह आयु और प्रव्रज्या दोनों ही दृष्टि से छोटे हैं। बुद्ध ने उन्हें उत्तर दिया कि क्षत्रिय, साँप, आग और भिक्खु को कभी छोटा नहीं समझना चाहिए, कभी उनका तिरस्कार नहीं करना चाहिए अर्थात् क्षत्रिय राजकुमार भले ही छोटा हो, किंतु यदि वह कुपित हो गया तो भयंकर क्षति कर सकता है। साँप भले ही छोटा हो, किंतु यदि वह काट ले तो जानलेवा भी

हो सकता है। आग भले ही छोटी हो, पर वह भी भयंकर विनाश कर सकती है। एक भिक्खु छोटा होकर भी अर्हत अर्थात् परम ज्ञानी हो सकता है। बुद्ध की ऐसी ही व्याख्याओं से प्रभावित होकर राजा प्रसेनजित् उनका अनुयायी बन गया था। वह निरंतर तथागत के संपर्क में रहता और उनसे परामर्श करता रहता था। उसकी धर्मप्रियता के पीछे उसकी पटरानी की भी महत्त्वपूर्ण भूमिका थी। वह स्वयं धर्मप्रिय थी।

राजा प्रसेनजित् की सीधी रिश्तेदारी राजा बिंबिसार से थी। उसका विवाह बिंबिसार की बहन से हुआ था और बिंबिसार का विवाह प्रसेनजित् की बहन से हुआ था इस तरह दोनों एक-दूसरे के साले थे और बहनोई भी। इस रिश्ते से बिंबिसार का पुत्र अजातशत्रु राजा प्रसेनजित् का भानजा था, किंतु राजनीति कोई रिश्ता नहीं देखती। अजातशत्रु के साथ प्रसेनजित् का युद्ध भी हुआ। कभी वह हारा और कभी जीता।

राजा प्रसेनजित् प्रतापी था, प्रतिभासंपन्न था, प्रवीण था, फिर भी उसे कोई कमी अखरती थी, कोई अभाव खटकता था। वह एक कुलीन के रूप में मान्यता चाहता था। वह सामाजिक स्तर पर सम्मानित होना चाहता था। वह अपने जन्म को, अपने कुल को तो बदल नहीं सकता था। यही कारण था उसकी परेशानी का।

प्रसेनजित् ने बहुत माथापच्ची की। उसने बहुत सोच-विचार किया। अंत में उसे एक रास्ता दिखाई दिया। यह रास्ता उसके रनिवास से होकर जाता था। यदि शाक्य वंश की कोई कन्या उसकी रानी बनने को तैयार हो जाए तो बात बन सकती थी। तथागत भी तो शाक्य कुल के थे। ऐसा हो जाने पर प्रसेनजित् का रुतबा अपने आप बढ़ जाता। अब उसने ठान ही लिया कि उसके मानवर्धन का एक यही उपाय था।

यह अपने आप में इतना आसान काम नहीं था। प्रसेनजित् के कल को देखते हुए कोई भी शाक्य उसे अपनी कन्या देने को कैसे भी सहमत नहीं हो सकता था। क्योंकि वह प्रतापी और बलशाली था, इसलिए कोई उससे उलझना भी नहीं चाहता था, किंतु उसके हठ को देखते हुए शाक्यों ने भी इस समस्या

का एक समाधान खोज निकाला।

इस समाधान के अंतर्गत शाक्यों ने षड्यंत्र और छल का सहारा लिया। इस तरह एक दासी-पुत्री को शाक्य कन्या बताकर राजा प्रसेनजित् का विवाह उसके साथ कर दिया गया। वासभ खत्तिया नाम की इस दासी-पुत्री के अत्यंत रूपवती होने के कारण प्रसेनजित् को कोई संदेह भी नहीं हुआ। वह तो अपनी सफलता पर अभिमान और गर्व कर रहा था। वह आनंदित था।

वासभ खत्तिया एक अच्छी रानी साबित हुई। उसने अपने पत्नीधर्म को बखूबी निभाया। उसने राजा प्रसेनजित् को हर तरह से खुश रखा। उसके राजमहल में आ जाने से राजा प्रसेनजित् का रुतबा बढ़ गया। उसे अतिरिक्त मान-सम्मान मिलने लगा। प्रसेनजित् बहुत आनंदित था।

उसका आनंद तब और बढ़ गया जब वासभ खत्तिया ने एक पुत्र को जन्म दिया। नाम रखा गया विडूडभ।

विडूडभ के बड़े होने के साथ प्रसेनजित् के पतन की शुरुआत हो गई। विडूडभ थोड़ा समझदार हुआ तो उसने माँ से हठ किया कि वह ननिहाल जाएगा। वासभ ने उसे किसी-न-किसी बहाने से टाल दिया। वह नहीं चाहती थी कि असलियत सामने आए। उसे पता चल चुका था कि उसके पति के साथ छल करके शाक्यों ने उसका विवाह उनके साथ कर दिया था। उसे प्रसेनजित् से सहानुभूति थी। वह नहीं चाहती थी कि उसके पति के जीवन में अब कोई अनावश्यक व्यवधान आए।

किंतु होनी तो हर हाल में होकर ही रहती है। वह विडूडभ को कब तक बहलाती ? उसे कब तक टालती ? अब वह युवा हो रहा था। उसे और अधिक अँधेरे में नहीं रखा जा सकता था। आखिर एक दिन विडूडभ अपनी ननिहाल कपिलवस्तु पहुँच ही गया। हुआ वही, वासभ को जिसका डर था। विडूडभ को पता चल गया कि उसकी माँ एक दासी-पुत्री है। यह रहस्योद्घाटन होने पर उसे शाक्यों का उसके प्रति व्यवहार समझ में आ गया। क्यों उसे वह सम्मान नहीं दिया गया था, जिसका वह अन्यथा अधिकारी होता ? वह अपमान का घूँट पीकर क्रोध में उबलता श्रावस्ती लौट आया।

राजा प्रसेनजित् को जब यह पता चला कि उसकी प्रियतमा रानी वासभ वास्तव में एक दासी-पुत्री है और उसके साथ शाक्यों ने छल किया था तो वह हतप्रभ रह गया। वह शाक्यों पर तो क्रोधित हुआ ही, उसका कोप वासभ और विडूडभ पर भी हुआ। उसने माँ और पुत्र से वे सारी सुविधाएँ, सारे विशेषाधिकार छीन लिये, जो राज-परिवार के सदस्य के रूप में उन्हें मिले हुए थे। वह यह भूल गया कि वासभ अब उसकी ब्याहता पत्नी है और विडूडभ उसका अपना पुत्र है, जिसकी शिराओं में उसी का रक्त प्रवाहित है।

बहरहाल, राजा प्रसेनजित् के इस निर्णय और परिणत व्यवहार ने विडूडभ को उसका शत्रु बना दिया। वह प्रसेनजित् के विरुद्ध हो गया। वह बदले की आग में जलने लगा।

इसी बीच प्रसेनजित् ने अपने अविवेकपूर्ण कृत्य से अपने लिए एक और मुसीबत खड़ी कर ली।

तक्षशिला में शिक्षार्जन के दिनों में प्रसेनजित् का एक सहपाठी हुआ करता था। नाम था बंधुल मल्ल। उस समय प्रसेनजित् ने बंधुल मल्ल से कहा था कि जब वह कोशल का राजा बनेगा तो उसे अपना सेनापति नियुक्त कर लेगा। बात आई-गई हो गई थी।

बंधुल मल्ल अत्यंत बलशाली और पराक्रमी था। वह अद्वितीय वीर और अदम्य योद्धा था। प्रसेनजित् के लिए उसके जैसा कोई और सेनापति हो ही नहीं सकता था, किंतु बंधुल मल्ल के स्वाभिमान ने उसे अपने मित्र का सेनापति बनने से रोके रखा।

फिर हालात कुछ ऐसे बने कि बंधुल मल्ल को राजा प्रसेनजित् के पास जाना ही पड़ा। वास्तव में हुआ यह कि बाहुबल की एक परीक्षा के समय उसके अपने ही कुलबंधु मल्लों ने उसके साथ छल किया। वह उस परीक्षा में सफल तो हो गया, किंतु अपने लोगों के छल ने उसका हृदय छलनी कर दिया। उसने व्यथित होकर कुसीनारा से विदा ले ली।

कोशल में राजा प्रसेनजित् ने उसका यथोचित सत्कार किया। प्रसेनजित् ने अपनी बात का सम्मान करते हुए बंधुल मल्ल को सेनापति के पद पर नियुक्त

कर दिया। बंधुल मल्ल योग्य तो था ही, उसने पूरी सामर्थ्य और निष्ठा के साथ अपने दायित्व का निर्वाह किया। उसने राज्य में आवश्यक सुधार भी लागू किए।

राजा प्रसेनजित् का प्रिय और विश्वासपात्र होने के कारण बंधुल मल्ल कुछ सत्तालोलुप अधिकारियों की आँखों में खटकने लगा। वे बंधुल मल्ल के विरुद्ध हो गए। पीठ पीछे वे बंधुल मल्ल को राह से हटाने का षड्यंत्र करने लगे। उन्होंने राजा प्रसेनजित् के कान भरने शुरू कर दिए।

प्रसेनजित् ने पहले तो इस ओर ध्यान ही नहीं दिया। बंधुल मल्ल उसे प्रिय था। वह उसका विधिवत् नियुक्त सेनापति था। वह बंधुल मल्ल पर संदेह नहीं कर सकता था। वह उस पर पूरा विश्वास करता था।

फिर भी था तो वह भी एक मनुष्य ही। वह राजा था तो क्या हुआ! जब बार-बार और अलग-अलग स्रोतों से उसे एक ही बात सुनने को मिली कि बंधुल मल्ल उसे अपदस्थ करने की योजना बना रहा है, तो उसके कान खड़े हो गए। वह बंधुल मल्ल की ओर से सावधान हो गया। उसकी एक-एक हरकत पर पैनी दृष्टि रखने लगा।

बंधुल मल्ल का अति उत्साही और ईमानदार होना ही उसके जी का जंजाल बन गया। प्रसेनजित् इसी बात से चौकन्ना हो गया कि भला बंधुल मल्ल को क्या पड़ी थी राज्य में सुधार करने की। क्या मैं अयोग्य, असमर्थ शासक हूँ?

कुल मिलाकर प्रसेनजित् ने बंधुल मल्ल को ठिकाने लगाने का निर्णय कर लिया। बंधुल मल्ल एक बार फिर छला गया। प्रसेनजित् ने बंधुल मल्ल को धोखे से मरवा दिया। उसके साथ उसके पुत्रों की भी हत्या कर दी गई।

जैसा कि अकसर होता है, बंधुल मल्ल और उसके पुत्रों की हत्या करवाने के पश्चात् उनके निर्दोष होने के सबूत मिले। अब हो भी क्या सकता था? प्रायश्चित्त ही एकमात्र उपाय था राजा प्रसेनजित् के पास। इस तरह सोच-विचारकर राजा प्रसेनजित् ने बंधुल मल्ल के रिक्त पद पर उसके भानजे दीर्घकारायण को नियुक्त कर दिया। अपने इस कार्य से राजा को बहुत संतोष

हुआ, बहुत चैन मिला। अपनी ओर से उसने उचित ही किया था। इससे उसका कलंक धुल जाना चाहिए।

प्रसेनजित् ने किया तो ठीक ही। अब उसकी अवस्था भी जरा को प्राप्त हो रही थी, किंतु कालचक्र अपने हिसाब से घूम रहा था। उसने अपने लिए दो शत्रु पैदा कर लिए थे। एक—विडूडभ, जो उसका पुत्र होते हुए भी उससे अपनी माँ और अपने अपमान का बदला लेने के लिए विकल था और उपयुक्त अवसर की तलाश में था। दूसरा—दीर्घकारायण, जो उसका सेनापति होते हुए भी उससे अपने मामा और ममेरे भाइयों की हत्या का बदला लेने के लिए विकल था तथा उपयुक्त अवसर की तलाश में था।

और उन्हें यह अवसर एक साथ, एक ही समय मिल गया। विडूडभ विद्रोह की राह पर आगे बढ़ चुका था। तभी दीर्घकारायण ने प्रसेनजित् को एक विशेष परिस्थिति में निरस्त्र देख विडूडभ को राजा घोषित कर दिया।

प्रसेनजित् को जब यह पता चला कि उसके सेनापति ने विडूडभ से हाथ मिला लिया है और उसे राजा बनवा दिया है तो वह स्तब्ध रह गया। वह उस समय अपनी राजपीठ से दूर था। उसके पास न कोई सेना थी, न कोई शस्त्रास्त्र। बस एक सेविका थी।

प्रसेनजित् को बहुत तेजी से कुछ सोचना था। कोई सही निर्णय करना था। कोई उचित काररवाई करनी थी। यहाँ तो उसका जीवन ही खतरे में पड़ गया था। वह क्या! कर सकता था? किससे सहायता की आशा कर सकता था? उसने अपने जीवन में युद्ध किया था। अब भी वह अशक्त नहीं हुआ था। उसके मनोबल ने उसका साथ नहीं छोड़ा था।

ऐसे में प्रसेनजित् को अपने भानजे और राजा बिंबिसार के पुत्र अजातशत्रु का स्मरण हो आया। उसने संकल्प कर लिया कि वह अजातशत्रु की सहायता से अपने पूर्व सेना प्रमुख दीर्घकारायण को मुँहतोड़ जवाब देगा और विडूडभ से अपना राज्य वापस लेगा। इस षड्यंत्र से वह अत्यंत कुपित हुआ था।

उसने अपनी सेविका को साथ ले राजगृह के लिए कूच कर दिया। वह घोड़े पर सवार होकर सरपट भागा। उसके साथ जो हुआ था, उस पर जो

बीती थी, उसने उसे मानसिक और शारीरिक रूप से तोड़कर रख दिया, था फिर भी उसे जाना ही होगा।

वास्तव में देखा जाए तो राजा प्रसेनजित् अपनी मृत्यु के भय से भाग रहा था। भय का भूत उस पर सवार हो चुका था। उसे लग रहा था कि वह अपने राज्य की सीमा से, अर्थात् अपनी जान के प्यासे दीर्घकारायण और विडूडभ की पहुँच से जितनी दूर निकल जाएगा और जितनी जल्दी निकल जाएगा, उसके लिए उतना ही अच्छा होगा। वह उतना ही सुरक्षित हो जाएगा। खतरा उसे सिर पर मँडराता दिखाई दे रहा था।

मृत्यु से दूर भागता प्रसेनजित् जब राजगृह पहुँचा तो नगर का फाटक बंद हो चुका था। नियमानुसार एक निश्चित प्रहर के पश्चात्त बाहर से कोई भी व्यक्ति नगर में प्रवेश नहीं कर सकता था। वह वैसे भी थका-माँदा था, क्लांत था। उसमें इतनी हिम्मत नहीं थी कि प्रवेश पाने की चेष्टा में वह इधर-उधर हाथ-पाँव मारता। इस समय तो उसकी सर्वोच्च प्राथमिकता थी कि वह अपने शरीर और मन को विश्राम दे। इसलिए वह फाटक के बाहर ही एक अच्छी नींद लेने के अभिप्राय से लेट गया।

लेटते समय प्रसेनजित् आश्वस्त था कि उसने अपनी आसन्न मृत्यु को टाल दिया है। उसे मात दे दी है। क्या सचमुच ? क्या आनेवाला कल उसके जीवन के लिए निर्णायक होगा ? क्या आने वाला कल उसके लिए शुभ होगा ? क्या वह अपने भानजे राजा अजातशत्रु को अपने पक्ष में कर पाएगा ? क्या अजातशत्रु उसका साथ देगा ? क्या वह विडूडभ के विरुद्ध लड़ने को तैयार होगा ? क्या वह विडूडभ से अपना राज्य वापस ले पाएगा ? ऐसे तमाम प्रश्नों से उलझता और उनके सकारात्मक उत्तर की कामना तथा आशा करता प्रसेनजित् नींद की गोद में चला गया—या यह मृत्यु की गोद थी, जिससे भागकर वह यहाँ आ पहुँचा था ? इस प्रश्न का उत्तर आने वाली सुबह मिला। राजा प्रसेनजित् उस सुबह उठ ही नहीं पाया। वह तो सदा के लिए सो चुका था।

□

२०

# अंतिम भोजन

तथागत बुद्ध तब परिपक्वावस्था को प्राप्त हो चुके थे। उनके शरीर में अब पहले जैसा बल नहीं रह गया था, किंतु अपने शासन के प्रति उत्साह में कोई कमी नहीं आई थी। आदि में कल्याणकारी, मध्य में कल्याणकारी और अंत में कल्याणकारी अपने धम्म को तथागत अधिक-से-अधिक लोगों तक पहुँचा देना चाहते थे। वे अब भी भिक्खुओं सहित चारिका करते और स्थान-स्थान पर रुककर उपदेश देते थे।

तथागत बुद्ध ने राजगृह में गृध्रकूट पर्वत की घाटी में विहार किया हुआ था। उन दिनों मगधराज अजातशत्रु अपने शत्रुओं अर्थात् वज्जियों पर आक्रमण कर उन्हें परास्त करना चाहता था। वह जानता था कि वज्जियों को हराना कोई आसान काम नहीं था। वह जानता था कि इसका उपाय तथागत बुद्ध ही सुझा सकते हैं। इसलिए उसने अपने महामात्य वर्षकार को तथागत बुद्ध के पास भेजा कि वह उनसे इस विषय में कहे। तथागत ने घूस और परस्पर फूट की बात कही, अन्यथा वज्जियों का उच्छेद असंभव था। वहाँ तथागत ने यथेष्ट समय व्यतीत कर भिक्खुओं को विभिन्न प्रकार से उपदेशित किया।

तब तथागत बुद्ध ने वहाँ से अंबलट्ठिका के लिए प्रस्थान किया। वहाँ वे राजगारक में ठहरे, फिर वे अंबलट्ठिका से भी चल दिए।

अंबलट्ठिका में इच्छानुसार विहार करने के पश्चात् तथागत बुद्ध ने आगे के लिए प्रस्थान किया। वह अपने विशाल भिक्खु संघ सहित चारिका करते

हुए नालंदा पहुँचे। नालंदा में तथागत ने प्रावारिक अंबवन में विहार किया।

नालंदा से तथागत बुद्ध पाटलिग्राम पहुँचे। जब पाटलिग्राम के गृहस्थ भक्तों ने तथागत के आगमन के विषय में जाना तो वे उनके पास आए। उन्होंने तथागत से प्रार्थना की कि वे उनकी अतिथिशाला में पधारकर उन्हें कृतार्थ करें। तथागत ने उनके निमंत्रण को मौन स्वीकृति दी। वहाँ पहुँचकर तथागत ने पाटलिग्राम के उन गृहस्थों को संबोधित किया। वहाँ उन्होंने उन गृहस्थों को दुराचारी के लिए दुराचार जनित पाँच दुष्परिणामों और सदाचारी के लिए सदाचार जनित पाँच सुपरिणामों के विषय में उपदेश दिया। पाटलिग्राम में तथागत बुद्ध ने एक शून्यागार में विहार किया।

उन दिनों मगध के महामात्य वर्षकार और सुनीथ वज्जियों से रक्षा करने के अभिप्राय से पाटलिग्राम में एक नगर का निर्माण कर रहे थे। तथागत बुद्ध ने उस निर्माण कार्य को देखकर और उसके विषय में जानकर यह भविष्य कथन कहा कि आगे चलकर यह नगर 'पाटलिपुत्र' के नाम से प्रमुखता और प्रसिद्धि प्राप्त करेगा। उन्होंने वहाँ वर्षकार और सुनीथ का आतिथ्य तथा भोजन भी ग्रहण किया। वे जिस द्वार से निकले, वह गौतम द्वार और जिस घाट से गंगा नदी से पार हुए, वह गौतम घाट कहलाया।

पाटलिग्राम से निकलकर तथागत भिक्खु अपने विशाल भिक्खु संघ सहित कोटिग्राम पहुँचे। कोटिग्राम में तथागत ने चार श्रेष्ठ सत्यों—अर्थात् (एक) दुःख अनिवार्य है, (दो) दुःख का कारण तृष्णा है, (तीन) दुःख से मुक्ति केवल निर्वाण से संभव है और (चार) निर्वाण का एकमात्र रास्ता श्रेष्ठ अष्टांगिक मार्ग है—इनके महत्त्व पर प्रकाश डाला। प्रसंगवश श्रेष्ठ अष्टांगिक मार्ग के आठ तत्त्व इस प्रकार हैं—

(१) सम्यक् विचार, (२) सम्यक् संकल्प, (३) सम्यक् वाणी, (४) सम्यक् कर्म, (५) सम्यक् आजीविका, (६) सम्यक् प्रयास, (७) सम्यक् सचेतनता और (८) सम्यक् समाधि। कोटिग्राम में तथागत बुद्ध ने इसके अतिरिक्त अन्य महत्त्वपूर्ण उपदेश भी दिये। कोटिग्राम में जब तक इच्छा हुई, वहाँ विहार किया। कोटिग्राम से चलकर वे भिक्खुओं सहित नदिका

पहुँचे। वहाँ वे गिजकावसथ में ठहरे। वहाँ उन्होंने प्रमुख तथा धम्मादर्श का उपदेश दिया।

कोटिग्राम के बाद तथागत बुद्ध का अगला पड़ाव वैशाली में हुआ। वहाँ उन्होंने आम्रपाली के आम्रवन में विहार किया। वहाँ उन्होंने अनेक उपदेश दिये। उनके श्रावकों में वहाँ आम्रपाली भी सम्मिलित हुई। गणिका आम्रपाली के भोजन-निमंत्रण को तथागत ने स्वीकार किया और उसके बाद आने वाले लिच्छवि राजकुमारों के उसी दिन के लिए दिये गए निमंत्रण को अस्वीकार कर दिया। यह एक पृथक् कथा है।

वैशाली के बाद तथागत बुद्ध वेलुव-गामक में गए। वहाँ वे गंभीर रूप से बीमार पड़ गए। उन्होंने उस व्याधि को और उससे उपजी कायिक पीड़ा को अपने मनोबल से सहन किया और उसे दूर भगाया। आराम होने पर उन्होंने वैशाली में भिक्षा ग्रहण की, फिर उन्होंने वहाँ से चापाल चैत्य जाने की इच्छा प्रकट की।

चापाल चैत्य में तथागत बुद्ध ने अपने प्रिय और प्रमुख शिष्य तथा उपस्थानक आनंद को वाचिक संकेत से समझाना चाहा कि वे परिनिर्वाण (निधन) को प्राप्त हो सकते हैं और वे चाहे तो इस क्षण को स्थगित करने के लिए उनसे याचना कर सकता है, किंतु आनंद ने इसे नहीं समझा।

तब तथागत बुद्ध ने आनंद से महावन-कूटागारशाला चलने की इच्छा व्यक्त की। महावन-कूटागारशाला में बुद्ध ने आनंद को आदेश दिया कि वह वैशाली के निकट विहार कर रहे समस्त भिक्खुओं को उपस्थानशाला में एकत्र करे।

वहाँ उन्होंने भिक्खुओं को संबोधित करते हुए यह उपदेश दिया कि समस्त वस्तुएँ नाशवान हैं। उनसे कहा कि वे प्रमाद को त्यागकर आदर्श को संपादित करें। वहीं उन्होंने यह घोषणा भी कर दी कि तीन मास पश्चात् वे परिनिर्वाण को प्राप्त होंगे। फिर भंडगाम आदि स्थानों में होते हुए तथागत बुद्ध भोगनगर पहुँचे। वहाँ उन्होंने आनंद चैत्य में विहार किया।

भोगनगर से चलकर तथागत बुद्ध पावा में पहुँचे। पावा में वे एक

आम्रवन में ठहरे। यह आम्रवन एक लुहार-पुत्र का था, जिसका नाम चुंद था। चुंद को जब पता चला तो वह तथागत बुद्ध के दर्शनार्थ वहाँ आया। बुद्ध के सारगर्भित उपदेश से प्रमुदित, प्रभावित हो, उसने उन्हें भिक्खु संघ सहित अपने घर भोजन के लिए आमंत्रित किया। तथागत ने उसके इस निमंत्रण को स्वीकार कर लिया।

नियत समय पर तथागत बुद्ध उस लुहार-पुत्र के यहाँ पधारे। चुंद ने तथागत बुद्ध और उनके भिक्खु संघ के लिए उत्तम भोजन की व्यवस्था की हुई थी। जब तथागत बुद्ध और सारे भिक्खु अपने-अपने आसन पर बैठ गए तो चुंद ने उनके लिए तैयार किए गए विभिन्न विशिष्ट व्यंजन उन्हें परोसे। उन व्यंजनों में शूकर मार्दव विशेष था।

वह शूकर मार्दव खा तथागत बुद्ध की तबीयत बिगड़ गई। उन्हें भयंकर उदर शूल हुआ। उन्होंने बहुत धैर्य से जैसे-तैसे उस पीड़ा को सहन किया, किंतु वे समझ गए थे कि यह भोजन उनका अंतिम भोजन सिद्ध होने वाला है, फिर भी उन्होंने यह कहा कि चुंद को ऐसा न लगने पाए कि उससे कोई अपराध हुआ था। बुद्ध ने इसके विपरीत यह कहा कि चुंद को यह आभास कराया जाए कि उसके भोजन को ग्रहण कर तथागत सम्यक् संबुद्ध ने परिनिर्वाण प्राप्त किया था। वह धन्य है। उसका भोजन तथागत के जीवन का दूसरा महत्त्वपूर्ण भोजन है। पहला भोजन था—सुजाता की खीर। इस प्रकार तथागत ने चुंद को अपराधबोध से मुक्त करने की चेष्टा की और उसके परोसे हुए उस अंतिम भोजन को महाफलदायक घोषित कर दिया।

□□□